KARMA

O GUIA DE UM YOGI
PARA CRIAR
O SEU DESTINO

SADHGURU

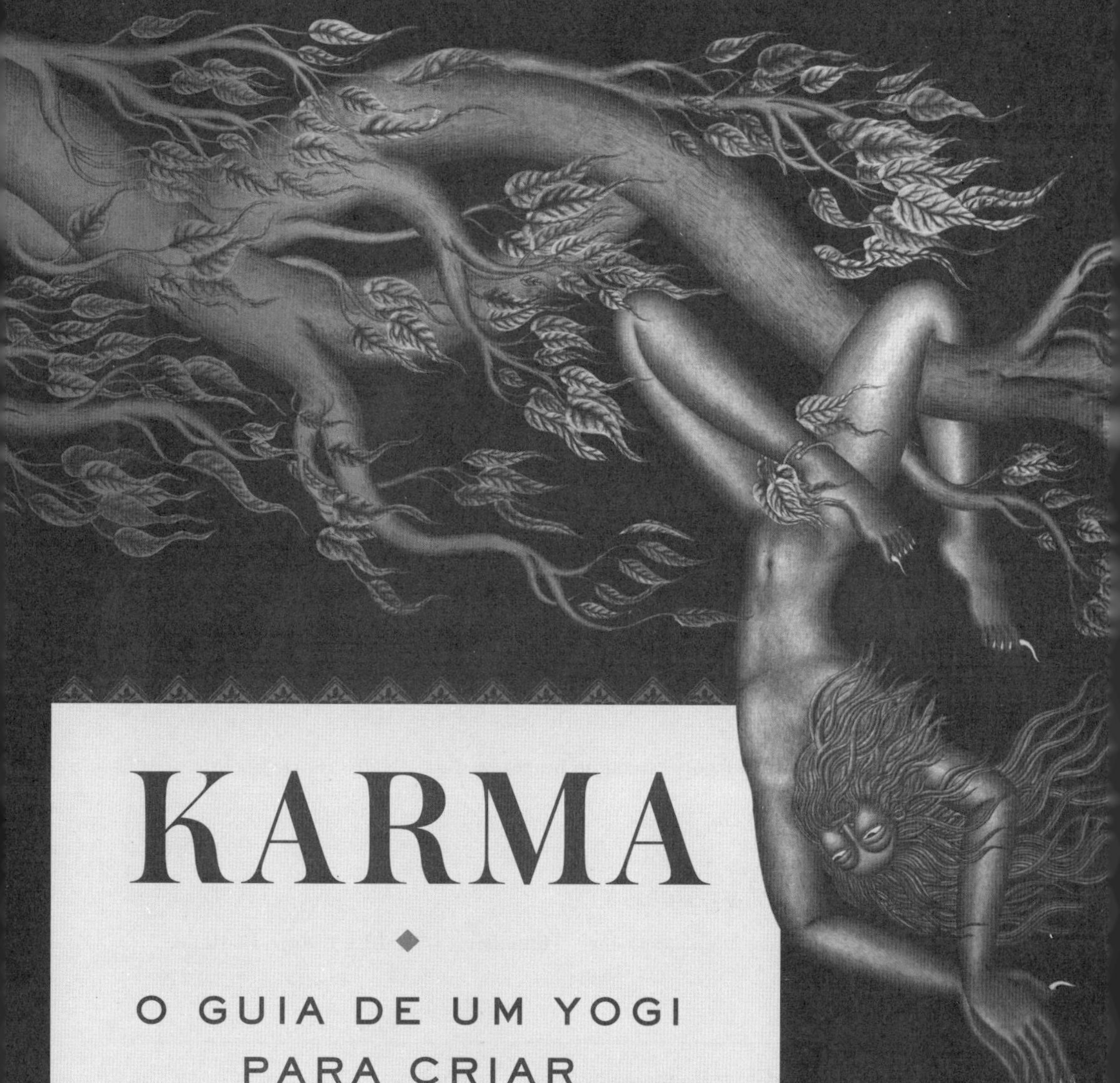

KARMA

O GUIA DE UM YOGI PARA CRIAR O SEU DESTINO

SEXTANTE

Título original: *Karma: a Yogi's Guide to Crafting your Destiny*

Esta edição foi publicada mediante acordo com Harmony Books, selo da Random House, uma divisão da Penguin Random House, LLC.

tradução: Beatriz Medina
preparo de originais: Rafaella Lemos
revisão: Ana Grillo e Priscila Cerqueira
diagramação: Valéria Teixeira
capa: Anna Bauer Carr
adaptação de capa: Natali Nabekura
imagem de capa: Cortesia do Centro de Yoga Isha, Coimbatore, Índia
impressão e acabamento: Cromosete Gráfica e Editora Ltda.

CIP-BRASIL. CATALOGAÇÃO NA PUBLICAÇÃO
SINDICATO NACIONAL DOS EDITORES DE LIVROS, RJ

S129k
Sadhguru
Karma / Sadhguru ; tradução Beatriz Medina. - 1. ed. - Rio de Janeiro : Sextante, 2022.
240 p. ; 23 cm.

Tradução de: Karma
ISBN 978-65-5564-338-1

1. Carma. 2. Vida espiritual - Hinduísmo. I. Medina, Beatriz. II. Título.

22-76214 CDD: 294.522
CDU: 233-4

Meri Gleice Rodrigues de Souza - Bibliotecária - CRB-7/6439

GMT Editores Ltda.
Rua Voluntários da Pátria, 45 – Gr. 1.404 – Botafogo
22270-000 – Rio de Janeiro – RJ
Tel.: (21) 2538-4100 – Fax: (21) 2286-9244
E-mail: atendimento@sextante.com.br
www.sextante.com.br

A todos os buscadores...

A jornada interior por um terreno inexplorado pode estar repleta de contradições de pensamento, emoção, experiência e ação. Este livro é um esforço para dissipar a névoa dessas contradições na mente e no coração de todos os buscadores da verdade.

SUMÁRIO

◇◇◇

Desvendando o karma: uma introdução

Aconteceu.

Certo dia, Shankaran Pillai comprou um barco por 10 milhões de dólares – um luxuosíssimo iate de 40 pés. E decidiu levar a nova esposa porto-riquenha num cruzeiro romântico pelo oceano.

No caminho, o infortúnio os atingiu. O iate bateu num rochedo e naufragou.

Enquanto o barco novinho em folha afundava no oceano, Shankaran Pillai e a esposa conseguiram se safar. Eles nadaram para salvar a própria vida e, finalmente, chegaram à praia de uma ilhota próxima – uma faixa de terra arenosa no meio do nada, completamente desprovida de vegetação.

Shankaran Pillai e a esposa tinham algumas latas de comida. Sabiam que só durariam poucos dias. Estavam encalacrados.

Sem se perturbar, Shankaran Pillai se acomodou numa postura de yoga e assumiu uma expressão serena e espiritualizada. O temperamento da mulher, no entanto, era um pouco mais volátil.

– Estamos perdidos! – disse ela, chorando. – Não há habitação humana à vista nem sinal de vida por aqui... nenhum animal, nenhuma planta, nada. Do que vamos viver? Como sairemos daqui? Que fim terrível para os nossos sonhos de felicidade conjugal! Que fim terrível para a nossa vida!

Shankaran Pillai continuou sentado na postura de yoga, imperturbável.

A mulher estava perplexa.

– Como consegue ficar sentado assim? Não percebe que estamos condenados? Não vê que vamos morrer?

Shankaran Pillai a olhou com calma compaixão.

– Querida, não se angustie – disse ele. – O que não lhe contei antes do casamento é que tenho um passado. Consegui um empréstimo estudantil quando estava na faculdade no Tennessee. Quando me formei, fui para Nova York sem pagar o empréstimo. Fui encontrado pelos credores três meses depois.

E continuou:

– Mas consegui escapar deles e fugi para a Califórnia. Lá, comprei um carro. Como ia pedir financiamento, pensei: por que me contentar com um carro pequeno? Decidi comprar um Rolls-Royce com detalhes em ouro maciço, então peguei um empréstimo de 2 milhões de dólares para adquirir o veículo. Como achei que a vida ficaria um tanto difícil para mim por lá, fui com o carro para o Oregon. Mas eles me seguiram até lá também. Depois desse episódio, peguei um empréstimo imobiliário de 5 milhões de dólares. E fui para o México. Mas eles me encontraram lá seis meses depois. Depois disso tudo, como você sabe, me casei com você e comprei o iate no Texas por 10 milhões de dólares. Ainda não paguei a primeira prestação. Portanto, não se preocupe. Fique calma. Não entre em pânico. Eles vão nos achar. Eles sempre acham.

A fé de Shankaran Pillai de que seria "achado" (ou, mais exatamente, a constatação de que nunca escaparia dos credores!) é um fenômeno que o resto do mundo conhece por outro nome.

Karma.

A base inescapável da nossa vida. O mecanismo que decreta que não podemos fugir das consequências das nossas ações. O ciclo que parece nos seguir sombria e inexoravelmente aonde quer que vamos.

Embora tenha origem indiana, a palavra *karma* invadiu todos os dicionários. Não é apenas o tema de livros de metafísica e de tratados acadêmicos. É na verdade um termo que se infiltrou nos léxicos do mundo inteiro, do campo esotérico à cultura pop.

Como essa palavra sânscrita foi parar em todos os idiomas do planeta? Como explicar sua extraordinária popularidade, sua capacidade de sobreviver ao longo de séculos?

Há muitas maneiras de explicar esse fato. Talvez a principal seja apenas esta: o karma é o único conceito que aborda a perplexidade humana diante do sofrimento. É a única lógica que explica a aparente arbitrariedade do mundo em que vivemos.

De que outra maneira entender a onipresença da angústia humana? Como explicar os horrores da guerra e da doença terminal, a agonia muda no rosto de crianças famintas e de prisioneiros traumatizados, o catálogo interminável de conflito e selvageria que tem sido a experiência humana desde que nos entendemos por gente?

E como responder a estas antigas perguntas: Por que coisas terríveis acontecem com pessoas boas? Por que a fortuna favorece com tanta frequência os que parecem cruéis, maldosos ou moralmente questionáveis? Por que as circunstâncias da vida parecem tão aleatórias e caprichosas? Por que às vezes parece que Deus joga bolinha de gude com o mundo? Isso se é que ele existe... Por que o universo parece um lugar hostil, sem lei e desgovernado?

Talvez nenhuma outra palavra responda tão bem a essa complicada pergunta humana quanto *karma*.

Ou seja capaz disso.

Durante tempo demais, esse termo foi grotescamente simplificado ou desnecessariamente mistificado. Está na hora de explorar o conceito com mais profundidade. Está na hora de entender a palavra mais usada e abusada e ao mesmo tempo mais indispensável do vocabulário espiritual do mundo. Está na hora de examinar como o karma se conecta às áreas mais cruciais da indagação humana: o sentido da vida e, acima de tudo, como vivê-la.

Este livro espera ser tanto uma exploração quanto um guia para oferecer ao leitor os segredos de uma vida com alegria e inteligência num mundo desafiador. No processo, busca restaurar o potencial transformador original da palavra *karma*. Espera remover os mal-entendidos que lhe foram acrescentados e enxergar o karma em todo o seu poder intocado e em toda a sua ressonância explosiva.

No livro, vou apresentar uma série de sutras para ajudar você a navegar pelo mundo do karma. *Sutra* literalmente significa fio. Ninguém usa um colar por causa do fio, mas sem fio não há colar! Na cultura yóguica, o guru tradicionalmente oferece aos alunos um fio adicional de orientação para conduzi-los pela vida. Mas este volume espera oferecer aos leitores tanto orientações quanto uma exposição detalhada do tema do karma. Ele traz, ao mesmo tempo, os indicadores e o quadro mais amplo – em outras palavras, tanto o fio quanto o colar.

O livro se divide em três partes. A primeira explora o karma como fonte de emaranhamento; a segunda explora as possibilidades de se libertar desse emaranhamento; a terceira aborda perguntas frequentes sobre o assunto.

A Primeira Parte examina o funcionamento intrincado do mecanismo kármico, que é muito mais complexo do que a maioria pensa. A Segunda Parte apresenta a noção de karma yoga – as maneiras de abordar o karma, lidar com ele e também se libertar dele. Essa seção tem um viés mais prático, mas o yoga é uma ciência que não pode ser transmitida em toda a sua profundidade por meio de um livro, e exige dedicação e treinamento sob a orientação de um mestre espiritual para ser verdadeiramente transformadora. No entanto, um livro pode lançar luz sobre um possível caminho e inspirá-lo, e é isso que essa seção espera fazer.

Um aviso: à medida que avançar mais fundo neste livro, você vai encontrar vários termos técnicos. Mas não desanime. Consulte o glossário na página 226, se precisar. O karma não é um tema poético, mas um campo complexo, que envolve conceitos e distinções muito precisos – clínicos até. Mas tampouco é um tema estéril. Ele é a base da existência humana – uma questão de vida e morte, de fato. Não pode haver nada estritamente acadêmico numa discussão dessas.

Vários capítulos da primeira parte e da segunda são intercalados com seções chamadas *sadhanas*. Em sânscrito, *sadhana* significa dispositivo ou ferramenta. Essas ferramentas lhe dão a oportunidade de pôr em prática algumas noções encontradas em cada capítulo e de colocá-las à prova no laboratório da sua experiência pessoal.

A Terceira Parte é dedicada a perguntas. São perguntas profundas e sinceras. Perguntas que me fizeram em programas e conversas ao longo de mais de três décadas e meia. Perguntas que retornam simplesmente porque a curiosidade humana sobre o karma é duradoura e persistente, muitas vezes urgente. A confusão sobre esse tema é genuína, e o anseio de clareza, igualmente autêntico.

Talvez algumas dessas perguntas reverberem dentro de você. Outras podem até mesmo soar como se fossem suas. Desde o início dos tempos, pouquíssimas perguntas são realmente novas. O contexto e as circunstâncias específicas podem até mudar, mas a necessidade de entender um mundo de dor e injustiça continua relevante, e a sede humana por sondar os mistérios da vida durará até o fim dos tempos.

Vamos então desvendar o karma.

PRIMEIRA PARTE

Nota ao leitor

A palavra *sadhguru*, como costumo ressaltar, significa um guru sem instrução. O guru sem instrução não nasce do acúmulo de informações das escrituras, mas do conhecimento interior de momento a momento. Falo, portanto, a partir da experiência direta, não de um conhecimento em segunda mão.

Por isso, minha abordagem do karma não é nem nunca foi a de um estudioso. Quando falo de karma, não estou me baseando na doutrina. Eu me baseio na percepção. O conhecimento conceitual é o caminho do acadêmico. O conhecimento perceptivo é o caminho do yogi.

A Primeira Parte deste livro explica o karma em toda a sua complexidade e multidimensionalidade. Talvez pareça lidar com conceitos puros, às vezes desafiadores. Mas quero enfatizar que não são teorias incompreensíveis. São insights diretos do real funcionamento do karma.

Esta é uma seção para os sedentos. Para aqueles que alimentaram perguntas ao longo dos anos, perguntas como: O que é o karma? Como se acumula? O que faz a máquina funcionar? Quando todo esse ciclo maluco e complicado começou? É para aqueles que não procuram meros manuais do usuário, mas um vislumbre do próprio mecanismo da roda kármica.

Este segmento examina como a roda passa a existir e ganha ímpeto. Ele o leva passo a passo ao tema do karma – o que é, como se acumula, as muitas maneiras como a personalidade humana é formada, o reservatório incrivelmente vasto da memória que cada indivíduo leva consigo, o papel da volição, os modos sutis pelos quais o karma se adere a nós mesmos quando buscamos nos libertar dele.

Em geral, os buscadores espirituais querem se livrar do karma, mas é importante lembrar que ele *não é* nosso inimigo. Não é necessário eliminá-lo completamente para termos uma vida de bem-estar. Na verdade, não conseguiríamos viver sem karma, pois a vida humana é sustentada por ele. Mas, ao mesmo tempo, o karma pode ferir e se emaranhar profundamente se não aprendermos a lidar com ele.

E, no entanto, o sistema yóguico não tem mandamentos. Ele deixa você livre para escolher se quer gerar karma positivo para o futuro, distanciar-se do seu estoque kármico ou dissolvê-lo completamente. Mesmo à medida que este livro for explorando e delineando essas várias possibilidades, a escolha é sua.

Se seu pé é constantemente esmagado pela mesma roda, o problema não está na roda. O problema é você não ter ideia de como lidar com ela. A meta deste livro não é reinventar a roda, mas sugerir maneiras de usá-la alegremente rumo ao destino escolhido, em segurança e com o conhecimento de que você está no controle da sua própria jornada.

◇◇◇

UM

Karma: o eterno enigma

SUTRA Nº 1

O karma consiste em tornar-se a fonte da própria criação. Ao tirar a responsabilidade dos céus e colocá-la em si mesma, a pessoa se torna o verdadeiro criador de seu destino.

No assento do motorista

Aconteceu.

Certa vez, o Papa foi aos Estados Unidos. A programação era intensa, com compromissos em várias cidades. Um dia, ele por acaso estava na Louisiana, numa limusine alongada com chofer – o carro que melhor demonstra a habilidade típica dos americanos de esticar uma limusine até o limite.

O Papa ficou entusiasmado, porque nunca tinha conduzido um carro daqueles, então pediu ao chofer: "Eu gostaria de dirigir."

Como o chofer poderia dizer não ao Papa? Ele respondeu: "É claro, Vossa Santidade."

Assim, o Papa assumiu o volante, e o chofer se sentou atrás. O Papa começou a gostar do carro, e o pé pesou no acelerador. Alcançou 140 km/h, depois 160 km/h, sem se dar conta de que ia depressa demais.

A polícia da Louisiana, famosa pelo rigor com o limite de velocidade, logo entrou em ação. Quando viu as luzes piscando atrás de si, o Papa desacelerou a limusine e parou no acostamento.

O policial desceu do carro e, com todo cuidado, com a mão na coronha da arma, se aproximou lentamente. Olhou pela janela. Viu que era o Papa em pessoa dirigindo! Espiou o banco de trás e viu outra pessoa sentada lá.

– Espere – disse ele.

O policial voltou ao seu carro, pegou o rádio e chamou o chefe de Polícia.

– Capitão, peguei um peixe grande.

– Ah, é? Quem? Bonnie e Clyde?

– Não, alguém bem maior.

– Caramba, você pegou Al Capone?

– Não, alguém muito, muito maior.

– O quê, você acha que pegou o próprio presidente dos Estados Unidos?

– Não, alguém muito maior!

– Ora bolas, quem pode ser maior do que o presidente dos Estados Unidos? Quem você pegou?

O policial respondeu:

– Não sei, mas o motorista dele é o Papa!

Isso nos leva ao xis da questão: a maioria das pessoas não faz ideia de quem está dirigindo o carro delas!

Olhe à sua volta. Pergunte-se quantas pessoas você conhece que vivem com alguma compreensão real dessa locomotiva maluca chamada vida. A maioria age como peões passivos que estão de carona, sem saber como a máquina funciona, de onde vem o octano, como controlar a direção e a velocidade e, acima de tudo, quem é o chofer. Falam de livre-arbítrio, liberdade e independência. Mas têm pouco ou nenhum controle sobre a própria vida. Seu destino é algo que criam inconscientemente.

Bem-vindo ao karma, uma dimensão que coloca você diretamente de volta ao lugar de onde não deveria ter saído: o assento do motorista.

Desmistificando o karma

Com isso, chegamos à questão central deste livro: o que é o karma?

Literalmente, a palavra significa *ação*.

Infelizmente, a maioria das pessoas entende as ações dividindo-as entre boas e más e vê o karma como um balancete de méritos e deméritos, virtudes e pecados. Uma auditoria da vida, por assim dizer. Para outros, é um livro-caixa mantido por algum contador divino que premia algumas pessoas com a bem-aventurança celeste e condena outras a um mundo inferior ou ao bucho de alguma máquina de reciclagem que as cospe de volta neste mundo para sofrer mais um pouco.

Isso não é apenas falso e absurdo. É trágico.

Essa noção criou gerações de seres humanos confusos e amedrontados que usam a palavra indiscriminadamente, sem nenhuma ideia do que ela significa. Além disso, criou-se um tipo de fatalismo que paralisou vastos segmentos de pessoas e foi usado para validar injustiças sociais e vários tipos de tirania política. Também levou a muita filosofia espúria, a debates acadêmicos vazios e, é claro, promoveu o mercado das previsões do futuro!

Vamos então destruir o primeiro mito.

Na realidade, karma não tem *nada* a ver com recompensa e punição. Não tem nada a ver com algum auditor despótico lá no alto, trabalhando com dispositivos primitivos de vara e cenoura. Não tem nada a ver com um deus bondoso lá no céu. Nada a ver com retaliação divina. Nada a ver com virtude e pecado, bem e mal, Deus e o Sr. Lúcifer.

Karma significa simplesmente que criamos o modelo da nossa vida. Significa que somos os criadores da nossa própria sorte. Quando dizemos "este é meu karma", na verdade estamos dizendo "sou responsável pela minha vida".

O karma consiste em tornar-se a fonte da própria criação. Ao tirar a responsabilidade dos céus e colocá-la em si mesma, a pessoa se torna a verdadeira criadora de seu destino.

O karma é a base natural de toda a existência. Não é uma lei imposta de cima. Ele não nos permite terceirizar a responsabilidade nem culpar nossos pais e professores, o país, os políticos, os deuses, nossa sina. Ele torna cada um de nós diretamente responsável pelo nosso próprio destino e, acima de tudo, pela natureza da nossa experiência de vida.

Portanto, a única pergunta relevante aqui é: você está *preparado* para o karma?

Está preparado para conhecer uma dimensão tão empoderadora que lhe diz que você é plenamente capaz de tomar nas próprias mãos as rédeas da sua vida?

Se não estiver, não continue a leitura.

Caso esteja disposto e curioso para descobrir mais sobre o funcionamento desse mecanismo, este livro pode ser a chave. Você só precisa ligar o motor e partir em sua nova jornada de vida. Depois de assumir o volante, sua experiência da viagem nunca mais será a mesma.

Mas é importante lembrar uma coisa. O karma não é uma doutrina. Você não ganha um biscoito ao se inscrever nem recebe uma nota ruim se não acreditar nele. O karma não é um credo, uma escritura, uma ideologia, uma filosofia ou uma teoria. É simplesmente o jeito como as coisas são. É um mecanismo existencial. Como o sol, funciona quer você reconheça ou não a sua existência, quer você o venere ou ignore. Ele não está atrás de um fã-clube.

O karma simplesmente faz com que você deixe de ser o passageiro apavorado no banco de trás e se torne o motorista confiante, encarregado do volante, navegando com alegria pela rota do seu próprio destino.

O ciclo kármico

Para se tornar motorista em vez de passageiro, no entanto, é preciso conhecer algumas regras básicas sobre o funcionamento do mecanismo kármico.

Em primeiro lugar, vamos esclarecer um mal-entendido fundamental. Embora signifique ação, karma não se refere necessariamente a atos *físicos*. Não se refere necessariamente ao que você faz no mundo exterior, sejam atos de caridade, sejam de mesquinhez.

Karma é ação em três níveis: *corpo*, *mente* e *energia*. Tudo o que você fizer nesses três níveis deixa um certo resíduo ou impressão em você.

O que isso significa?

É bastante simples. Seus cinco sentidos coletam dados do mundo exterior a cada momento de sua vida. Você é literalmente bombardeado por estímulos a todo instante. Com o tempo, esse volume enorme de impressões sensoriais começa a assumir um certo padrão distinto dentro de você. Aos poucos, esse padrão se transforma em tendências comportamentais. Um conjunto dessas tendências enrijece com o tempo e se torna o que você chama de personalidade – ou aquilo que afirma ser sua verdadeira natureza.

Funciona ao contrário também: a sua mente molda o modo como você experiencia o mundo que o cerca. Isso se torna seu karma – uma orientação para a vida que você criou para si mesmo com relativa inconsciência. Você não está ciente de como essas tendências se desenvolvem. Mas o que considera ser "você" é só um acúmulo de hábitos, predisposições e tendências adquiridas ao longo do tempo sem estar consciente do processo.

Vejamos um exemplo simples. Algumas pessoas podem ter sido crianças alegres, mas hoje são adultos infelizes. Fatos da vida talvez tenham desencadeado essa infelicidade. Na maioria dos casos, porém, as pessoas não fazem ideia de como ou quando adquiriram essa persona. Se tivessem criado a própria personalidade de forma consciente, teriam construído a si mesmas de um jeito bem diferente. Mas, em algum ponto do caminho, por seguirem os ditames de suas reações e tendências não examinadas, a infelicidade crônica se tornou a característica que as define.

Em outras palavras, o karma é como um software antigo que você escreveu para si mesmo *inconscientemente*.

E que você atualiza todos os dias, é claro!

Dependendo do tipo de ação física, mental e energética que realiza, você escreve seu software. Uma vez que isso acontece, todo o sistema passa a funcionar de acordo com ele. Com base nas informações do passado, certos padrões de memória se tornam recorrentes. A partir daí, sua vida fica habitual, repetitiva e cíclica. Com o tempo, você se vê enredado em seus próprios padrões. Como acontece com tantas pessoas, é provável que você não saiba por que determinadas situações se repetem na sua vida interior e exterior. Isso acontece porque esses padrões são inconscientes. Com o passar do tempo, você se transforma numa marionete de seu passado acumulado.

A vida de muita gente, por exemplo, é dominada pelo abuso de comida ou de drogas. A dependência química certamente desempenha um papel aqui, mas o principal problema é que essas pessoas estabeleceram um padrão recorrente na própria vida. Por mais que tentem sair dele, acabam caindo de volta na armadilha. Quando o software kármico não é conscientemente reescrito, a regularidade do padrão faz parecer que ele é imposto de fora, e não iniciado de dentro. Mas esse software não é uma sina a ser suportada. Ele *pode* ser reescrito, abandonado ou afastado, como veremos mais adiante.

O mecanismo kármico é incessante. Toda flutuação mental dentro de você cria uma reação química que provoca uma sensação física. Essa sensação, por sua vez, reforça a reação química, que então fortalece a flutuação mental. Com o tempo, seu próprio aspecto químico é determinado por uma série de reações inconscientes a estímulos mentais e sensoriais.

Agora, ao simplesmente pensar em algo que o entusiasma, você pode realmente experimentar determinadas sensações no corpo. Isso pode ser verificado empiricamente. Hoje sabemos que o ser humano é um organismo psicossomático – que tudo que acontece na mente é imediatamente gravado no corpo como um processo químico. Quando você pensar em montanhas, por exemplo, sua química reagirá de um jeito; quando pensar em tigres, reagirá de outro. Assim, para cada minúscula flutuação mental, há um certo tipo de reação química e sensação. Talvez você nem tenha consciência disso, a menos que as sensações se tornem agudas. Todas essas sensações ficam registradas e, com o tempo, se tornam o modelo de sua mente inconsciente. Portanto, você é um repositório vivo de memória kármica em níveis dos quais não tem consciência.

Hoje, pesquisas demonstram que os traumas psicológicos e emocionais podem contribuir para o risco de problemas de saúde física e mental. Dizem que a angústia mental pode causar problemas cardíacos. Nada disso é novo. As pessoas sempre souberam que, quando passamos por turbulências psicológicas, ficamos com o coração partido! Tudo isso acontece porque a química do corpo muda ao longo do tempo como resultado da flutuação mental e emocional constante.

É um círculo vicioso. Se você toca uma única vez o firmamento da sua mente, as ondulações resultantes são suficientes para durar várias vidas. A mente é um processo que toma impulso sem nenhum auxílio da sua parte. Talvez você tenha notado que, quando tinha 18 anos, em geral era capaz de não dar muita bola às dificuldades e seguir em frente. Essa habilidade diminuiu aos 30. Aos 45, muitas coisas pareciam incomodá-lo. E, aos 60, você acha quase impossível dar a volta por cima, adaptar-se e seguir adiante.

Essa mentalidade é generalizada; você vê isso acontecendo em toda parte. Com 18 anos, as pessoas costumam se sentir ansiosas em relação ao futuro. Com 70, mesmo com quase toda a vida atrás de si, elas ainda se preocupam! Tornaram-se tão habituadas a isso que se preocupam sem razão nenhuma. Isso ocorre porque o ciclo que vai da flutuação mental à reação química e à sensação (que, por sua vez, produz uma reação química que leva de novo a uma flutuação mental) tomou ímpeto. Com o tempo, isso causa um impacto cumulativo sobre a memória genética e celular, assim como sobre o sistema energético.

A mente inconsciente, portanto, é uma imensa biblioteca de memória kármica. Você acharia essa informação muito útil se a estivesse abordando conscientemente. O problema é que ela se manifesta o tempo todo sem a sua permissão! Você se sente um verdadeiro caos porque está o tempo todo tocando aleatoriamente seu teclado psicológico.

Pense num CD com músicas gravadas. O disco é como seu corpo, seja físico, mental ou energético. A música é análoga à impressão registrada no seu corpo. Só que, agora, a música é apenas uma pequena impressão num disco compacto. Mas, quando põe o CD para tocar, você não experiencia o disco; você experiencia a música. Com o karma é a mesma coisa. Você não experiencia ativamente seu corpo energético, mental ou físico. Você só escuta a música! E não pode pará-la. Você vivencia suas marcas e impressões kármicas o tempo todo. E não pode detê-las.

O tédio e a tirania do karma

O nível em que a compulsividade do karma opera pode surpreendê-lo. Quando você entra num auditório ou sala de conferências, o assento que escolhe parece ser uma decisão tomada livremente. Mas muitas vezes há algum nível de compulsão kármica envolvido. Se comparecer à mesma sala de conferência ou auditório nos cinco dias seguintes, você poderá notar que provavelmente vai se sentar no mesmo lugar todos os dias.

Muitos anos atrás, quando eu estava treinando professores para difundir meu programa de Engenharia Interior em diversos lugares, os novos instrutores costumavam perguntar: "Sadhguru, que tipo de indagações os alunos costumam fazer? O que podemos esperar e como lidar com elas?" Então fiz para eles um gráfico com o formato da sala e disse: "Vejam, se uma pessoa vier e se sentar *aqui*, esse é o tipo de pergunta que vai fazer. Se o participante se sentar *ali*, é isso que vai perguntar." Agora, é claro que havia exceções: quem chegasse atrasado poderia escolher um lugar com base apenas nos assentos disponíveis. Mas, noventa por cento das vezes, aconteceu exatamente como eu disse! O karma é previsível assim.

Portanto, o karma *não é um sistema externo de crime e castigo*. É um ciclo interior gerado por você. Esses padrões não oprimem você de fora para dentro, mas *de dentro para fora*. Lá fora, pode até ser um novo dia. Talvez você tenha um novo emprego, um novo lar, um novo parceiro na vida, um novo bebê. Pode até mesmo estar num novo país. Mas, internamente, está experienciando os mesmos ciclos – as mesmas oscilações internas, as mesmas mudanças de comportamento, as mesmas reações mentais, as mesmas tendências psicológicas.

Tudo mudou, exceto a sua experiência. Você pode continuar mudando o ambiente externo, mas nada vai dar certo, porque você não descobriu como mudar *seu karma*. Parece existir outra coisa controlando você. Parece que é outra pessoa que está dirigindo o seu carro.

Para todas as outras criaturas deste planeta, as dificuldades são essencialmente físicas. Quando comem bem, elas estão bem. Mas os seres humanos são diferentes. Para os humanos, quando a barriga está vazia, há apenas um problema; mas, quando a barriga está cheia, há uma centena de problemas! Você pode falar em liberdade, mas fica embelezando as próprias limitações o tempo todo, sem ter a menor consciência disso. Mesmo quando exalta o valor da independência, tudo em você – não só sua aparência e o jeito como se sente ou pensa, mas até o modo como se senta, anda ou para em pé – é determinado pelos seus padrões do passado.

Não esqueça que, além de inconsciente e compulsivo, o karma também é profundamente cíclico. As informações kármicas dentro de seu sistema estão codificadas em diferentes tipos de ciclos. O maior deles é o ciclo solar, porque tudo que é animado ou inanimado neste sistema solar é profundamente influenciado pelo Sol. Nosso planeta não é exceção. O ciclo solar é um período de 4.356 dias (cerca de 12 anos). Quem vive de acordo com o ciclo solar leva uma vida de muita saúde, bem-estar, alinhamento e mínimo atrito.

À medida que a duração do ciclo kármico diminui, a vida vai ficando cada vez mais desequilibrada. Quando a sua vida funciona em ciclos de três ou seis meses, você está num estado grave de desequilíbrio psicológico. As mesmas reviravoltas interiores ou situações da vida vão se repetir de tantos em tantos meses. Quando a sua vida é determinada por um ciclo de 28 dias – o ciclo lunar, que também é o mais curto –, você pode ser considerado perturbado ou psicótico. A palavra *lunático*, como se sabe, vem da palavra *lunar*, e não é à toa. No entanto, é preciso lembrar que o ciclo kármico não tem nada a ver com o ciclo reprodutivo do corpo feminino.

Agora, se não rompermos esses padrões internos e externos, nada de novo vai acontecer. Talvez você tenha notado que, quanto mais sucesso alcança, mais frustrado fica, porque em algum ponto inconsciente percebe que simplesmente está andando em círculos. Você pode até ter aprendido a percorrer o ciclo, mas não está livre dele.

Com as práticas do yoga, a pretensão é avançar rumo ao ciclo solar para garantir equilíbrio e estabilidade. Talvez você não seja capaz de mudar as ações do passado e o karma mental e emocional que acumulou, mas não continua escorregando em ciclos curtos. Você não "veste" mais o karma como uma roupa justa, você aprende a usá-lo com folga. Você o mantém à distância.

O problema é que as pessoas não percebem até que ponto o karma é tenaz. Você pode sofrer um acidente e morrer, mas seu karma não será destruído. Pode quebrar a cabeça e espalhar os miolos, mas o karma continuará! Isso mostra quão resiliente, incansável e sutil é o mecanismo kármico. E é por isso que, em geral, libertar-se do ciclo parece uma possibilidade tão remota.

A tradição do yoga nos diz que, além do corpo físico (*annamayakosha*), cada ser humano tem um corpo mental (*manomayakosha*) e um corpo energético (*pranamayakosha*). Além disso, também tem corpos mais sutis, conhecidos como corpo etéreo (*vignanamayakosha*) e corpo de bem-aventurança (*anandamayakosha*). Mas o acúmulo de karma acontece essencialmente no nível dos três primeiros corpos: físico, mental e energético.

Portanto, mesmo que destrua a mente e o corpo, sua energia de vida continuará a carregar a impressão kármica, como o disco rígido de um computador. Os sistemas de backup são tão eficientes que, mesmo que perca o corpo ou a mente, nem assim você perde seu karma.

No entanto, não importa o volume de karma que você tenha. No momento em que começa a pisar nas dimensões mais sutis dos corpos etéreo e de bem-aventurança, seu karma já não pode tocá-lo. A lei de causa e efeito só funciona nos níveis físico, mental e energético. Para além disso, não tem qualquer impacto. No momento em que começa a ter um gostinho do divino, por assim dizer, seu karma já não tem nenhum domínio sobre você. (Exploraremos isso mais extensamente na Segunda Parte deste livro.)

Houve um tempo em que os seres humanos escreviam em placas de pedra. Das placas de pedra passamos às folhas, depois aos livros. Dos livros, passamos às fitas cassete e aos CDs. Agora chegamos à era do microchip. O que podia ser armazenado em um milhão de placas de pedra está agora codificado no menor pontinho imaginável. Não vai demorar para a tecnologia dar um jeito de armazenar informações em energia pura. Talvez isso ainda não tenha se manifestado na tecnologia moderna, mas acabará acontecendo. Digo isso não por algum conhecimento tecnológico, mas porque sei como o mecanismo interior funciona. O atômico e o cósmico, o individual e o universal se espelham em todos os níveis.

Neste momento, a mesma eletricidade que alimenta sua lâmpada se torna luz; a mesma eletricidade que alimenta seu ar-condicionado se torna ar frio; a mesma eletricidade que alimenta o microfone se torna som amplificado. Não é porque a eletricidade seja inteligente. É simplesmente o mecanismo do aparelho. Mas virá o dia em que teremos "eletricidade inteligente". Seremos capazes de carregar memória diretamente na energia da eletricidade para que a própria corrente elétrica já venha com intenção. Ela terá informações para se comportar de maneira específica e tomar certas decisões. Talvez esse dia ainda esteja longe, mas não tenho dúvida de que caminhamos para lá.

Quando inicio grupos de pessoas num processo espiritual, as energias de cada uma se comportam de um jeito diferente, dependendo de suas informações kármicas. Embora o mesmo processo seja oferecido a todas, a resposta energética de cada uma depende do tipo de karma que ela carrega. O corpo energético responde de acordo com o tipo de software gravado nele. É por isso que a resposta de duas pessoas a uma iniciação nunca é a mesma.

Em resumo, o karma opera em muitos planos diferentes. Você não pode eliminá-lo pela doença física ou por acidentes, demência, psicose ou morte. E você pode notar que mesmo as pessoas que sofrem de transtornos mentais não se comportam do mesmo modo. A estrutura kármica delas pode estar fora de controle, mas ainda governa o modo como se comportam. A menos que você afrouxe as amarras do karma, não há saída.

Esse é o tédio e a tirania mortal da rotina kármica.

Também é por isso que as pessoas, desde tempos imemoriais, buscam algo mais, mesmo sem saber o quê. Essa condição recebeu muitos nomes: tédio, descontentamento existencial, mera ansiedade, inquietação. É a sensação de não viver a vida a todo vapor, de não entender seu propósito, seu começo ou seu fim, sua direção ou a fonte de sua propulsão. É o antiquíssimo ressentimento humano em relação à impotência, à limitação.

O cheiro das amarras

Como vimos, tudo que você faz com seu corpo, sua mente ou sua energia deixa uma determinada impressão. Essas impressões tomam a forma de tendências, que por sua vez têm sido tradicionalmente descritas na Índia com uma palavra maravilhosamente adequada: *vasana*. Literalmente, *vasana* significa *cheiro*. Esse "cheiro" é gerado por um vasto acúmulo de impressões causadas por suas ações físicas, mentais, emocionais e energéticas. Dependendo do tipo de cheiro que emite, você atrai para si determinados tipos de situação na vida.

Pense numa flor. A flor tem um certo tipo de vasana. É essa fragrância que atrai determinados tipos de vida até ela. A flor não se locomove nem tem volição, mas, por causa da sua fragrância, pode ser escolhida para ser adorada no santuário de um templo. Na verdade, graças ao seu vasana, ela ganha acesso a locais onde poucos seres humanos têm permissão de entrar.

Não é tão diferente assim com os seres humanos. Nesse caso, a palavra *cheiro* não significa odor. Não há nenhum julgamento de valor agregado à palavra. Ela simplesmente significa que, ao exalar um tipo específico de vasana, a existência garantirá que você vá parar em determinados lugares em determinadas horas. Ao exalar outro tipo de vasana, a existência garantirá que vá parar em outros lugares. Assim, o que se move em sua direção e também o que se afasta de você são determinados pelo cheiro que você emana. É claro que o seu vasana depende inteiramente do tipo de memória residual ou conteúdo kármico que você carrega.

Isso funciona de maneiras sutis. Talvez não tenha consciência disso, mas, na vigília e no sono, você está exercendo seu karma. Um simples padrão de pensamento pode fazer você agir de modos específicos. Se você fica pensando em filmes, por exemplo, ou talvez numa determinada estrela de cinema, é muito provável que encontre na multidão uma pessoa específica que tem essa mesma paixão. Talvez você não veja os outros: os que amam livros, meditação ou outra coisa qualquer. Se houver mil rostos à sua frente, é provável que seu vasana o atraia a alguém com tendências semelhantes.

Aconteceu.

A certa altura da vida, quando eu era adolescente, arranjei uma naja imensa, um espécime maravilhoso de 3,5 metros. Ela entrou numa fábrica local de lâmpadas fluorescentes, e a capturei, para completo alívio dos operários. Eu a escondi embaixo da cama, num grande recipiente de vidro. Um dia, ela deu um jeito de escapar.

Quando ouviu um alto sibilar vindo do meu quarto, meu pai se ajoelhou para ver qual era o problema. Quando viu a naja, entrou em pânico. Saiu correndo do quarto, gritando "naja, naja!". Quando entrei em cena, todo mundo em casa estava literalmente em pé sobre cadeiras e sofás. Já eu corri para o quarto para proteger minha serpente, com medo de darem fim à minha companheira! O vasana dos meus pais produziu aversão; o meu, produziu atração.

Consegui contrabandear a mesma serpente de volta e, mais tarde, abriguei-a no forro da casa, numa gaiola grande. Mas certo dia ela conseguiu fugir de novo. Por acaso, eu estava fora de casa. Quando cheguei de bicicleta, vi meus pais na frente de casa, o pavor muito visível no rosto deles. A escola ao lado acabara de liberar todo mundo às quatro da tarde. Uma multidão imensa se juntara em torno da serpente. Todos estavam apavorados. Quando me aproximei, percebi o que estava acontecendo.

Sabia que não poderia voltar para casa, pois eu estaria encrencado. Então simplesmente passei à toda, peguei minha serpente pelo meio com uma das mãos e fugi pedalando!

Essa história mostra os vasanas em ação. O que provocava terror em meus pais e em outras pessoas, em mim produzia uma resposta muito diferente. Nunca tive nenhuma aversão a serpentes. Minha afinidade com elas é um vasana antigo que trago comigo. Sempre me senti à vontade perto dessas criaturas exóticas. Desde a infância, era capaz de rastrear intuitivamente sua presença no mato. Se seguisse simplesmente meu olfato, eu saberia exatamente embaixo de qual pedra estaria a serpente. Assim ganhei no bairro uma grande reputação de caçador de serpentes.

Há muitas razões para a minha atração por esses animais. A conexão entre yogis e serpentes é muito antiga. Ambos exalam um vasana que os atrai mutuamente. A serpente é uma criatura de incrível percepção, que é instintivamente atraída por níveis mais elevados de energia. Por isso Adiyogi (Shiva), o primeiro yogi, sempre é representado na iconografia tradicional com uma serpente em volta do pescoço. Em todas as culturas em que as pessoas mergulharam na percepção extrassensorial, a serpente tem um papel fundamental. A veneração tradicional de serpentes, vacas e corvos na Índia se baseia na tomada de consciência de que essas criaturas representam um estágio avançado de desenvolvimento existencial.

Como os yogis sempre buscam aprimorar a própria percepção, a serpente é uma presença especialmente importante na tradição do yoga. A naja é reverenciada como a única criatura capaz de perceber a sutil dimensão etérea, mesmo durante o dia. Não surpreende que tenha papel importante também em vários mitos da criação, ainda que às vezes tenha sido menosprezada pelos que temiam suas capacidades.

Outra razão dessa vasana é a conexão entre a serpente e a kundalini, a energia em espiral que fica na base da coluna humana (da qual o yoga conscientemente tira proveito para o desenvolvimento espiritual). A energia kundalini tem sido descrita como "energia da serpente" por causa da semelhança com esse animal em termos do padrão comum de movimento e quietude.

No início de minha atividade como guru, quando quis consagrar uma forma poderosa de energia chamada Dhyanalinga (uma estrutura única na qual todos os sete chakras ou centros de energia funcionam em sua capacidade ideal), precisei atrair discípulos muito audaciosos e intensos para me ajudar nesse projeto. Agora que essa missão se completou, alterei completamente meu vasana. Como a necessidade daquele tipo de trabalho energético concentrado acabou, hoje atraio outro tipo de pessoas. Provavelmente sou irreconhecível para quem me conheceu naquela época, porque *sou* uma pessoa diferente. Dependendo da natureza do trabalho, ajusto o tom do meu vasana. Isso pode ser confuso para alguns. Mas é o modo como todos os mestres espirituais operam.

No entanto, a capacidade de ajustar o próprio vasana não é uma opção reservada apenas aos adeptos da espiritualidade. Em boa medida, todo mundo é capaz de escolher não ser vítima do seu vasana. Basta uma tomada de consciência. Com um pouco de atenção, qualquer ser humano consegue começar a transformar hábitos em escolhas, compulsão em consciência.

É importante entender que tudo que parece determinado na sua vida foi determinado inconscientemente por você. Você escreveu seu próprio software. Dependendo de como o escreveu, esse é o modo como pensa, esse é o modo como sente, esse é o modo como age e é isso que você convida para sua vida. Dependendo do tipo de "fragrância" que exala, você atrai diferentes situações na vida. Algumas pessoas parecem atrair constantemente situações agradáveis; outras parecem atrair constantemente as desagradáveis. Ou talvez você veja isso em fases diferentes da sua vida. Em algumas, parece que coisas maravilhosas não param de acontecer; em outras, as circunstâncias adversas se repetem o tempo todo. Agora, isso depende simplesmente do que você tem em seu reservatório kármico. Hoje, você tem peixe podre e atrai situações terríveis; amanhã, tem flores e atrai situações melhores. Uma coisa que tentamos mudar por meio do yoga (e deste livro, espero) é o tipo de fragrância que você transmite ao mundo.

Muitos falam de liberdade, mas secretamente a temem. Sentem-se seguros no aprisionamento. Outros optam pelas amarras porque a identificação com uma ideologia, uma religião, um relacionamento ou até mesmo um aparelho eletrônico de certo modo "turbina" sua identidade. Pense em algo simples como seu celular. Se for usado para aprimorar a atividade, pode ser uma fonte de empoderamento. Se, por outro lado, for usado para aperfeiçoar a sua identidade, torna-se uma fonte de aprisionamento. Dessa maneira, as pessoas adquirem vasanas inconscientemente, em geral acreditando que estão escolhendo a liberdade, quando, na verdade, estão escolhendo a escravidão.

Aconteceu.

Alguns anos atrás, enquanto conduzia um programa de yoga no sul da Índia, me hospedei numa aldeia chamada Velayudhampalayam. Meu alojamento ficava de frente para uma montanha. Disseram-me que monges jainistas tinham vivido e meditado nas cavernas de lá mais de 1.900 anos antes. Essa antiguidade atiçou meu interesse, porque significava que esses monges teriam vivido poucos séculos depois de Mahavira, o grande mestre e guru jainista.

Certa tarde, subi com alguns voluntários até uma linda caverna que era como um poleiro de ave nas rochas. O interior estava imundo, coberto de garrafas e grafites. Na Índia, quase todos os rochedos e monumentos estão cheios de iniciais rabiscadas por turistas e namorados. Aquelas cavernas não eram diferentes e estavam cobertas com os costumeiros "KPT ama SRM". Então resolvemos limpar o lugar.

Havia entalhes rústicos no chão de pedra, que serviam claramente de cama para os monges. Eu me sentei numa dessas camas. De repente, senti meu corpo começar a pulsar intensamente. Intrigado, decidi passar a noite lá.

Foi uma noite de revelação. Percebi que o corpo sutil do monge que vivera lá séculos antes ainda estava incrivelmente vivo. Pude dizer, por exemplo, que ele não tinha a perna esquerda; tinha sido amputada logo abaixo do joelho.

Esses monges levaram uma vida tranquila e isolada e não fizeram nada importante no mundo exterior. Mas deixaram para trás uma impressão tão profunda que fui capaz de entender tudo sobre a vida e as práticas espirituais deles. Os grandes governantes daquela época estão mais ou menos esquecidos. As pessoas mais ricas e os homens e mulheres mais instruídos daquela época foram apagados da nossa memória. No entanto, esses simples monges estão tão vivos hoje quanto estavam há 1.900 anos! Suas histórias estão disponíveis a quem for receptivo, e são capazes de nos inspirar até hoje. Essa é a natureza do tipo certo de trabalho energético interior. É imperecível.

As energias de cada indivíduo têm uma determinada fragrância. O corpo físico tomba de volta à Terra, mas o resíduo de cada um de nossos pensamentos, ações e, acima de tudo, energias permanece. Essa impressão pode durar milênios depois de nosso tempo. Quanto mais consciente o trabalho energético, mais duradouro ele é.

Cabe a nós decidir a natureza de nosso legado para o planeta. É o que os monges jainistas anônimos de Velayudhampalayam fizeram. Cientes de que toda ação tem uma consequência, eles escolheram viver conscientemente. Em consequência, alcançaram um tipo de imortalidade que os ricos e poderosos da história do mundo raramente conseguiram atingir.

SADHANA

Um modo simples de ter consciência de seu vasana é tentar se manter afastado por um tempo daquilo que você aprecia, anseia, ama ou considera mais precioso. A intensidade dos sentimentos dolorosos que experiencia quando se mantém afastado lhe dirá algo sobre a natureza e a profundidade do seu vasana.

Agora que identificou o seu vasana, você pode começar a trabalhar na transformação. Se achar que o seu emaranhamento está relacionado com a comida, espere alguns minutos antes de fazer uma refeição. Se aguarda ansiosamente a chegada de um ente querido, espere alguns instantes de forma consciente antes de encontrá-lo. Dependendo de quão emaranhado você pensa que está, espere conscientemente mais alguns momentos antes de se dedicar a essa atividade ou interação. Você verá que sua experiência da alimentação, do amor ou da vida geralmente fica muito mais profunda. Aos poucos, os dois minutos de espera pela refeição podem ser ampliados para duas horas ou um dia inteiro. Esse exercício enganosamente simples pode marcar o começo de uma tremenda mudança interior.

Consciência não é uma questão de comportamento. É a natureza da existência. No entanto, a compulsividade é comportamental. No momento em que espera um pouco antes de se entregar a uma compulsão, você se alinha com a natureza consciente da existência. Com o tempo, isso ajuda a enfraquecer a natureza compulsiva de seu comportamento.

DOIS

Volição: a base do karma

SUTRA Nº 2

Em última análise, a vida não é sofrimento nem bem-aventurança. É o que você faz dela.

As consequências do calculismo

Aconteceu.

Certa noite, dois amigos caminhavam juntos. Era costume deles visitar uma prostituta toda noite de sábado. Enquanto andavam até a casa dela, ouviram uma voz fazendo um discurso sobre a Bhagavad Gita, o grande texto sagrado da Índia.

Um dos amigos foi tomado pela culpa. Decidiu então não visitar a prostituta e disse que preferia crescer como pessoa assistindo à palestra sobre a Gita. O outro o deixou lá e seguiu em frente.

Agora, o homem sentado na palestra percebeu que não conseguia parar de pensar no amigo que estava com a prostituta. Começou a invejá-lo. Preso naquele auditório, ficou convencido de que o outro estava se divertindo como nunca. Não conseguia parar de pensar que o amigo era muito mais inteligente por ter escolhido o bordel, e não um discurso sobre as escrituras.

Entretanto, o homem que foi à casa da prostituta não conseguia deixar de pensar no amigo no auditório. Ele se encheu de admiração por ele, que escolhera o caminho da libertação ao optar pelo discurso espiritual em vez dos prazeres carnais.

Essa história foi contada muitas vezes pelo grande místico indiano do século XX Sri Ramakrishna Paramahamsa. Ele sempre chamava a atenção para o paradoxo central: foi o homem na palestra sobre a Gita (que não conseguia parar de pensar no que acontecia na casa da prostituta) que acumulou karma desfavorável. Foi ele que sofreu, destacava Sri Ramakrishna, muito mais do que o amigo que visitou a cortesã.

Por quê?

Porque, embora o karma denote ações de corpo, mente e energia, ele *não* tem a ver apenas com a ação. O homem que foi à prostituta não acumulou tanto karma quanto o amigo porque *não foi calculista.* O amigo, por outro lado, queria secretamente estar com a moça, mas acreditou que, assistindo ao discurso, estaria um passo mais perto do céu. Esse calculismo significou a aquisição de mais karma. Ironicamente, o homem que pensou em como poderia se livrar do karma acabou acumulando mais!

O homem com a prostituta, por outro lado, foi tomado pela noção de que sua experiência era limitada. Isso o impeliria a buscar algo mais no futuro. Assim, a experiência com a prostituta se tornou um gatilho para seu crescimento pessoal.

Essa história indica um erro comum. Em geral, as pessoas supõem que o karma só tem a ver com ações externas. Acham que atos de caridade e virtude lhes trarão bom karma. O que realmente nunca percebem é que se trata de algo muito mais sutil.

O karma, de forma bem mais fundamental, tem a ver com *volição.*

A razão pela qual os ensinamentos religiosos do mundo inteiro falam sempre de amor é que, no momento em que se torna amoroso, você é naturalmente a melhor versão de si mesmo em relação aos outros.

No momento em que vê todos com amor, sua intenção é automaticamente inclusiva. Não importam as besteiras que você fizer em nome do amor: o karma, ainda assim, não se acumula além de certo ponto.

Sua intenção faz toda a diferença. Se disser algo motivado pelo amor e a outra pessoa se magoar, o karma é dela, não seu. Se, porém, disser algo por ódio e o outro não se incomodar, é karma bom para ele, não para você! E você ainda adquire karma negativo. O modo como o destinatário do ódio reage não é a questão. O acúmulo de karma é determinado pela sua intenção, não meramente pelo impacto sobre o outro.

Considere outra situação. Digamos que você esteja brincando com uma faca. Sem querer, ela acerta alguém e essa pessoa cai morta. Esse é um tipo de karma. Em outro cenário, você começa a discutir com alguém enquanto corta legumes. No calor do momento, você esfaqueia a pessoa e ela morre. Numa terceira situação, você planeja meticulosamente como se livrará de um inimigo; persegue a pessoa e lhe enfia uma faca. Na quarta, você se comporta de maneira muito amistosa com alguém e convida a pessoa para jantar; depois de uma refeição maravilhosamente cordial, quando a pessoa se recosta, saciada, você lhe corta a garganta. Esse ainda é outro tipo de karma. Numa quinta situação, seu comportamento com a pessoa é perfeitamente normal, mas por dentro você trama todas as coisas terríveis que quer fazer com ela.

Nos quatro primeiros casos, os mesmos fatores estão presentes: você, a outra pessoa, a faca e a morte. O karma, contudo, não é o mesmo. Não é difícil adivinhar qual situação gerará o pior karma. Com *pior*, não quero dizer o mais imoral; quero dizer o que cria as piores consequências para você. A consequência para o outro é a mesma, mas o impacto sobre você é determinado pela natureza da sua volição. É o nível de amargura e ódio que causa o karma, não o ato por si só.

Na verdade, o quinto cenário é o pior em termos de acúmulo kármico. Os quatro primeiros falam de situações em que o resultado é o mesmo para a outra pessoa. No quinto, não há consequência nenhuma para a outra pessoa. Ela foi libertada do karma dela, portanto isso é bom para ela. Mas para você o karma é muito mais forte, porque, aqui, você repete o ato um milhão de vezes dentro de si. Atuar externamente com base na amargura traz uma grave consequência física para você (uma pena de prisão). Mas permitir que a amargura cresça e se multiplique por dentro tem consequências interiores ainda mais profundas. A intenção motivada por segundas intenções sempre acumula muito mais karma. Se fica repetindo a mesma ação mental, é porque você tem um grande investimento pessoal na questão. Pode ser que não seja condenado à prisão, mas você mesmo se aprisionou!

É interessante que, na maior parte do mundo, o sistema jurídico também leve em consideração a intenção do infrator quando determina a punição de um crime. Por exemplo, um homicídio premeditado a sangue-frio é tratado de forma bem diferente de um crime passional cometido no calor do momento.

Ainda assim, *a consequência kármica não é uma punição*. A consequência é simplesmente o jeito da vida de tentar resolver o karma que é criado o tempo todo. Se você só exerce karma mental negativo, talvez não haja nenhuma consequência exterior, mas você experiencia um nível mais profundo de sofrimento interior.

O que significa "resolver o karma"? Significa que o desenrolar da sua vida acontece de acordo com as suas tendências, não de acordo com algum sistema de certo e errado. Sua vida simplesmente se organiza para concretizar suas inclinações. O karma não é punição nem recompensa; é apenas o processo pelo qual a vida tenta se cumprir.

Um nível de volição que muita gente não sabe existir é a ação no nível energético. Um pensamento negativo, como sabemos, pode gerar karma. Um pensamento negativo combinado a uma emoção negativa significa um karma mais profundo. Quando um pensamento negativo, uma emoção negativa e uma ação exterior negativa se combinam, há um karma ainda mais profundo. Quando um pensamento negativo e uma emoção negativa se combinam com uma ação mental recorrente, esse karma se aprofunda ainda mais. (Matar alguém em pensamento de mil maneiras diferentes, como vimos, acumula muito karma.)

No entanto, há os que optam por ações energéticas; isso pode significar dedicar-se a práticas que resultam na morte de um adversário, rival ou qualquer pessoa que se queira tirar do caminho. Essas práticas são chamadas de magia sombria ou ocultismo. Esses sistemas ocultistas existem de forma marginal em muitas culturas, em que é possível procurar alguns especialistas com o intuito de usar suas energias para prejudicar outra pessoa. Quando se tenta influenciar alguém energeticamente em benefício próprio, esse é o pior karma possível. O karma gerado por ações ao nível energético é mais profundo do que qualquer outro tipo de ação.

Não esqueçamos que o que é uma volição certa num contexto pode ser algo muito diferente em outro. Você tem determinadas ideias de certo e errado por causa do código moral da sociedade em que vive. Não é sua natureza inata que dita esses códigos. A sociedade tem certas regras e códigos morais fixos e, sempre que os desrespeita, você sente que errou. Talvez nunca faça apostas na frente dos seus pais, mas talvez possa fazê-lo com muita facilidade com seus amigos e, se for descoberto pelos pais, na mesma hora começará a se sentir culpado.

Em algumas partes da Índia, usar minissaia pode ser considerado ultrajante. Do mesmo modo, cobrir-se dos pés à cabeça pode ser considerado bizarro e inadequado em algumas partes do mundo. Esses comportamentos não são intrinsecamente certos ou errados. É a sociedade que determina isso. No entanto, quando se vestir de maneira diferente da norma social provoca culpa ou vergonha na pessoa, isso pode significar acúmulo de karma.

Aconteceu.

Shankaran Pillai estava em seu leito de morte. Como sabia que o fim estava próximo, mandou chamar seu advogado e disse:

– Quero fazer um testamento novo. Quero deixar toda a minha herança, até o último centavo, à minha esposa. Mas quero insistir numa única precondição: ela tem que se casar em até 90 dias depois de minha morte.

O advogado ficou surpreso.

– Por que um pedido tão estranho, Sr. Pillai? – perguntou ele.

– Bom, quero que pelo menos alguém lamente minha morte!

Assim, o que é fonte de amargura para um pode ser uma bênção para outro! A ideia de inferno para uma pessoa pode ser a ideia de paraíso para outra.

As ideias de certo e errado são essencialmente relativas. Por exemplo, os pindaris, como eram conhecidos os membros de uma tribo de bandidos da Índia, eram treinados para roubar e matar. Os integrantes dessa tribo tinham até deuses que lhes ensinavam habilidades e lhes traziam sucesso na bandidagem. Quando o exército britânico os atacou, eles foram baleados e mortos indiscriminadamente. E estavam completamente perplexos com isso, porque, na percepção deles, não tinham feito nada de errado. A ideia de virtude dos pindaris era simplesmente ser um bom bandido!

Portanto, não é simplesmente a ação que acumula karma. É *a maneira como* ela é feita, o motivo pelo qual é realizada, que faz toda a diferença.

Sementes de volição

Então, o que determina a volição humana? Por que algumas pessoas agem a partir de uma noção maior de inclusividade e outras, de uma noção maior de exclusividade?

Examine isso com atenção. Você verá que a volição é moldada fundamentalmente pela sua crença de que é um ser separado, um indivíduo. Em outras palavras, é a sua identificação com a sua individualidade que determina sua volição.

A palavra-chave aqui é *identificação*. Se não se identificasse com essa noção de separação, você não acumularia karma. Se sua identificação incluísse tudo e todos, seria o fim do ciclo kármico!

Infelizmente, a identificação das pessoas com noções estreitas de individualidade faz com que elas interajam com o mundo de forma seletiva, e não inclusiva. A oscilação interminável entre gosto e aversão, entre atração e repulsa, enrijece ainda mais a noção de separação. Com o tempo, os gostos e aversões se consolidam numa personalidade e produzem mais karma. Assim a individualidade se torna uma prisão, não um privilégio.

Os ensinamentos de Gautama, o Buda, sobre esse tema – sua ênfase na ausência de desejo, em particular – foram infelizmente mal interpretados e deturpados por muita gente. Esse era um homem incrivelmente perspicaz que saberia muito bem que, sem desejo, não pode haver existência.

O que ele ressaltava era a importância de agir a partir de um estado de plenitude interior, e não de anseio interior. Uma vez que isso é alcançado, a sua vida se torna *uma expressão de bem-aventurança, não uma busca por ela*. O seu desejo não evapora; em vez disso, ele se torna consciente e não é mais o combustível inconsciente de sua identidade pessoal, mas a ferramenta consciente a partir da qual você funciona. Agora você deseja o bem-estar de todo o planeta.

O xis da questão, portanto, é a *identificação* com os seus desejos. Quando não se identifica mais com seu desejo, quando há distância entre você e sua mente, você simplesmente faz o que é necessário em dado momento e situação. Você aprende a brincar com o desejo. E os desejos não têm mais a ver com "você". Assim sua amarra kármica some inteiramente.

Como se "desidentificar" do desejo? Como pode haver desejo sem individualidade, intenção sem identidade? A lógica é simples: a individualidade é um mito. É uma ideia, não uma realidade existencial. Fragmentamos nosso mundo por ignorância.

Depois de entrar em contato com a base de inteligência por trás de toda a criação, você percebe que não está separado de nada nem de ninguém. Você está inseparavelmente ligado a todo o resto do universo. Seu corpo já sabe que faz parte da grande dança molecular do cosmo. Sabe que não sobreviveria um momento sem transacionar com o ar, a água, a luz do sol e a terra. No entanto, sua mente acredita em outra coisa; ela está convencida de que é uma entidade limitada. Portanto, toda volição baseada nesse entendimento limitado vai contra o projeto fundamental da fonte da criação. Qualquer ação impelida por essa volição míope e estreita significa invariavelmente a criação de mais karma. Ou, em outras palavras, uma existência mais compulsiva.

Os seres humanos chegaram à vida neste planeta com uma possibilidade extraordinária: a de liberdade absoluta. A cultura do yoga vem reiterando isso inúmeras vezes, desde sempre. Todos os outros animais têm uma natureza fixa. Eles simplesmente agem com base em seu instinto. É por isso que os animais acumulam um karma mínimo. O ser humano, por outro lado, é dotado da incrível capacidade de transformar e transcender esses instintos.

Infelizmente, a maioria das pessoas não tem a estabilidade necessária para estabelecer um distanciamento em relação às atividades que realiza. É incapaz de agir sem segundas intenções. Essa é a limitação debilitante que as pessoas impõem a si mesmas.

Aconteceu.

Certo dia, Shankaran Pillai foi ao bar. Estacionou no lado de fora o burro (que, por acaso, era seu meio de transporte). Depois de tomar algumas, saiu e descobriu que alguém tinha pintado o burro de vermelho. Shankaran Pillai era um homem muito frágil, mas agora, com umas bebidas dentro de si, sentia-se grande.

Encheu-se de fúria, voltou ao bar, abriu a porta com um pontapé e ficou olhando de cara feia todos os que estavam lá sentados.

– Quem pintou meu burro de vermelho? – rosnou.

Um homem enorme, com bem mais de 1,80 metro, se levantou num canto.

– Fui eu – disse ele.

Os modos de Shankaran Pillai mudaram instantaneamente. Ele pigarreou e disse com educação:

– Senhor, está na hora da segunda demão.

É claro que essa foi uma reação rápida para a situação!

Como a da maioria das pessoas, a reação de Shankaran Pillai se baseou no simples instinto de sobrevivência diante de uma ameaça. No entanto, há uma diferença entre uma reação baseada na autopreservação e uma resposta baseada na necessidade intrínseca da situação.

Quando suas ações deixam de ser sobre você, quando se baseiam simplesmente nas exigências da situação, quando o interesse mesquinho não alimenta mais a sua volição, você chega ao fim da produção kármica. Sua libertação está assegurada.

É claro que é mais fácil falar do que fazer. O problema é que as pessoas esqueceram *como se envolver inclusivamente* com a vida. Como o envolvimento é seletivo, elas caem na armadilha do emaranhamento. Elas lidam com a vida de maneira seletiva, com base em seus gostos e aversões, ou optam por filosofias de negação e desapego que tiram todo o sabor da vida. Em ambos os casos, o karma só se multiplica.

São várias as concepções erradas desse tipo. Muitos acreditam que o Buda pregava que a vida é sofrimento, ou *dukkha*, e concluem que, portanto, a visão dele é sombria e derrotista. O que deixam de ver é que o Buda passou a vida tentando ensinar meditação porque via que a humanidade pode *transcender* o sofrimento. Se acreditasse que tudo era sofrimento, ele simplesmente teria nos aconselhado a nos suicidar! Ele viu que a bem-aventurança – *ananda* – era uma possibilidade muito real. Sua missão de vida foi nos lembrar disso.

Recentemente, um jornalista me perguntou: "Concorda que vida é sofrimento?" Eu lhe perguntei: "Se pudesse escolher, como você gostaria que fosse sua vida: sofrimento ou bem-aventurança?" Ele respondeu imediatamente: "Bem-aventurança, é claro." Em última análise, a vida não é sofrimento nem bem-aventurança. É *o que você quiser que ela seja*. A vida não tem nenhuma qualidade inerente. A escolha é sempre sua. A volição é sempre sua.

Adiyogi, o primeiro yogi, foi a primeira figura neste planeta a afirmar que a evolução espiritual é a maior das possibilidades, disponível apenas para a humanidade. O ser humano veio com a possibilidade de ser completamente consciente, e não compulsivo. Podemos escolher o jeito que queremos ser: tigre ou cervo, divindade ou demônio. Não temos natureza fixa. Infelizmente, sofremos com essa fluidez, esse dom fenomenal da liberdade.

Muitas pessoas se transformaram em criaturas ou animais humanos, não seres humanos. Desperdiçamos nossa liberdade, pechinchamos e a vendemos a autoridades externas, sejam parentais, religiosas, culturais ou políticas. Em vez de exercer a liberdade de consciência, de escolha, acreditamos nas vozes que nos disseram que ser humano é ser limitado, pecaminoso até.

Assim, em vez de sermos as melhores criaturas da Terra, nos transformamos nas piores. Matamos por prazer, por amor, por ódio, por identidade, por Deus, praticamente por qualquer coisa. Que outro animal provocou tanta crueldade, animosidade e derramamento de sangue neste planeta?

Ironicamente, a volição humana, fonte da nossa liberdade, se transformou numa maldição. Em vez de viajar do instinto à inteligência, da compulsão à consciência, optamos por regredir. Chegamos ao ponto de nossa história coletiva em que esquecemos o enorme significado de sermos humanos. Numa missão inconsciente de autodestruição, abrimos mão desse extraordinário direito de nascença de sermos os verdadeiros senhores de nossa vida.

Tentar evitá-lo acelera o acúmulo kármico

Ainda há outro mal-entendido lamentável sobre karma e volição.

Como a oscilação sem fim entre gostos e aversões cria karma, as filosofias da evitação e do desapego começaram a se tornar populares. Vimos que o ensinamento de Gautama, o Buda, sobre a ausência de desejo foi mal interpretado. Todas essas filosofias e más interpretações nascem de um mesmo impulso: o de evitar o karma.

A ironia é que, quanto mais tentamos evitar o karma, mais ele se multiplica!

Todas as filosofias do desapego que negam a vida se desenvolveram por causa do medo humano do emaranhamento. O que essas filosofias deixam de ver é que, sem um envolvimento intenso e apaixonado, não haveria vida. O que essas filosofias acabam negando totalmente é a própria vida.

As filosofias do desapego, em essência, são credos sem alegria. Adotá-las pode produzir alguma aparência de equilíbrio e estabilidade na vida cotidiana, mas não leva à libertação. Em vez disso, frequentemente leva a um acúmulo kármico ainda maior. Os que praticam essas filosofias de negação da vida aos poucos se tornam sem vida também. Acolher a falta de vida é karma negativo. A supressão da vida, definitivamente, é karma negativo.

Agora, o que queremos dizer com supressão? Fazer algo que você não quer não é necessariamente supressão. Por exemplo, algumas tradições incentivam os praticantes a jejuar em determinadas ocasiões. Isso não é supressão. As pessoas costumam pensar que não fazer o que querem a qualquer momento é supressão. Não é.

Supressão significa simplesmente *experienciar a vida sem entusiasmo*. Viver plenamente é se permitir experienciar as coisas por completo. Se você se permite experienciar a fome por completo, isso é maravilhoso e libertador. Se você se permite experienciar a comida por completo, isso também é maravilhoso e libertador. Infelizmente, as pessoas não experienciam a fome nem a comida por completo. Evitar qualquer experiência – seja de dor ou prazer, tristeza ou alegria – é um grande karma. Mas, se você atravessa a experiência sem resistir a ela, o karma se dissolve. É por isso que no *Mahabharata*, o grande épico indiano, Krishna diz que a hesitação é o pior de todos os crimes.

Hoje, em nome da civilização e da etiqueta, as pessoas educadas não costumam experienciar plenamente nenhuma de suas emoções. Não podem chorar plenamente. Não podem rir alto. Com o tempo, a frustração se instala, e elas perdem a alegria. Seu acúmulo kármico também aumenta. Você verá que as pessoas mais simples, que se permitem rir e chorar sem inibições quando o ímpeto aparece, em geral são muito mais livres. Elas resolvem o próprio karma experienciando plenamente todos os estados emocionais.

Viver por completo não significa apenas se divertir. Significa experienciar de maneira plena e intensa tudo que surgir. *O próprio processo da vida é a dissolução do karma.* Se viver por completo cada momento da vida, você dissolverá uma quantidade enorme de karma.

Por que algumas pessoas sofrem mais do que outras?

Por que o universo não criou todo mundo igual? Por que alguns têm algum tipo de deficiência e outros, não? Por que alguns são pobres e outros, ricos? Se Deus existe, por que não criou todo mundo igual?

Por que todo mundo não pode carregar karma positivo? Por que todo mundo não pode ter o mesmo software? Qual é o sentido de toda essa terrível desigualdade?

Essas perguntas afligem os seres humanos desde sempre.

Agora, pare e examine esse fato com absoluta clareza.

Ao fazer isso, você verá que a principal causa do sofrimento humano não é a deficiência física nem a pobreza. A causa do sofrimento humano é *a própria pessoa*.

Primeiro, vamos distinguir dor e sofrimento.

A dor é uma manifestação física, produzida sempre que há alguma lesão no corpo. É o jeito do corpo de avisar você que há algo errado, que é preciso tomar providências. A dor é útil. É um alerta valioso. O sofrimento, por outro lado, é psicológico. É produzido por você. É 100% autoproduzido. Quando a dor surge, você não tem escolha; mas quando surge o sofrimento, a escolha é sua. Sempre é possível escolher *não* sofrer.

Vamos dar uma olhada nisso com atenção. Mil anos atrás, as pessoas do mundo inteiro viviam muito felizes em habitações modestas. Isso não era um problema. O problema hoje é que uma pessoa mora numa mansão, enquanto outra mora numa quitinete. Essa é a fonte do sofrimento desta última. Uma pessoa tem três carros, enquanto outra tem um. Essa é a fonte do sofrimento desta última. Uma pessoa viaja de férias para o exterior, enquanto outra, não. Essa é a fonte do sofrimento desta última.

Portanto, não é a situação física que causa a infelicidade. É *o modo como você reage a ela.* Seu karma não está no que lhe acontece, está no modo como você responde ao que lhe acontece. Os seres humanos são capazes de sofrer por praticamente qualquer coisa. A pessoa não entra na faculdade e sofre. A outra entra na faculdade e não consegue sair, por isso sofre! A pessoa não arranja emprego e sofre. A outra arranja emprego e agora sofre ainda mais. A pessoa não é casada e sofre. A outra se casa e vive em agonia! A pessoa não tem filhos e sofre. A outra tem filhos e está em tormento constante. O seu sofrimento se deve não às circunstâncias, mas ao estado em que você mesmo se colocou. E é para *isso* que você precisa olhar.

Mas e a sorte e a fortuna? E o debate interminável entre destino e livre-arbítrio? Essas questões ainda atormentam muita gente.

Sempre que me fazem essas perguntas, minha primeira resposta é ressaltar que essa discussão pode durar para sempre. Quer passar a vida debatendo isso? Como a discussão sobre o ovo e a galinha, ela pode durar até o fim dos tempos.

Aconteceu.

Certo dia, depois de quase 25 anos separados, Shankaran Pillai se encontrou com seu grupo de amigos da faculdade. Eles se reuniram num restaurante para comemorar. Fizeram os pedidos, a comida e as bebidas vieram. Enquanto conversavam, naturalmente surgiu a questão inevitável: quem veio primeiro, o ovo ou a galinha? Assim começou um imenso debate.

Mas, enquanto todos se ocupavam argumentando, Shankaran Pillai se ocupava de comer e beber tudo que aparecia na frente dele. Então, os amigos lhe perguntaram:

– Ei, você não está interessado num debate tão importante? Você não quer saber? Quem veio primeiro, o ovo ou a galinha?

Shankaran Pillai ergueu os olhos e disse:

– O que você pedir primeiro virá primeiro.

Você quer mesmo passar o resto da vida discutindo destino e livre-arbítrio?

No Oriente, dizemos simplesmente: "Sua vida é seu karma." Isso significa que a quantidade de karma com que você consegue lidar depende de até que ponto se tornou consciente. Se tiver domínio do corpo físico, 15% a 20% de sua vida e de seu destino estarão em suas mãos. Se tiver domínio de seu processo psicológico, 50% a 60% de sua vida e de seu destino estarão em suas mãos. Se tiver domínio das energias de sua própria vida, 100% de sua vida e de seu destino poderão estar em suas mãos.

Suponhamos que eu plante um caroço de manga. Posso esperar que caiam cocos da mangueira quando ela crescer? Posso esperar cerejas ou maçãs? Ora, obviamente isso seria absurdo. Se plantar um caroço de manga, você só pode esperar mangas. Isso é determinado pela semente. Mas há outras considerações sobre as quais você tem controle. Quantas mangas a árvore produzirá? Qual será a qualidade das mangas? Por quanto tempo a mangueira dará mangas? Sobre esses fatores, você com certeza tem controle.

Porém, devo fazer uma ressalva. Se cavar a vida com profundidade suficiente, você pode mudar até mesmo a natureza da semente. Mas isso exige um nível de realização yóguica que está além do escopo deste livro. Portanto, essa é uma questão na qual não entraremos.

O que a maioria das pessoas chama de sorte é apenas sua habilidade de estar no lugar certo no momento certo. Muitas das suas capacidades ainda são inconscientes, então você não tem pleno controle sobre o tipo de circunstância que atrai. Mas há algo sobre o qual você tem controle: o modo como reage ao que lhe acontece.

Talvez você ganhe na loteria hoje, mas, ainda assim, quão feliz você vive é você quem decide. Um pobre pode ficar extasiado ao ganhar um milhão de dólares. Mas o rico pode ter muito mais do que isso no banco e ainda ser infeliz. Portanto, a sorte sozinha não determina a sua felicidade.

Geralmente, a palavra *karma* é usada de maneira rudimentar para sugerir que você fez algo ruim e por isso coisas ruins lhe acontecerão. Esse é um modo muito simplista e limitado de ver a vida. Karma não tem nada a ver com categorias moralistas de bem e mal; ele só está relacionado a causa e efeito.

Se um homem se aproximar de você agora e reclamar que está com artérias entupidas no coração, será que é porque ele cometeu atos terríveis no passado? Não. É muito mais provável que tenha vivido de forma irresponsável, comido e bebido de maneira inadequada e bagunçado o próprio sistema. Portanto, isso é mau karma, porque ele viveu sem o entendimento necessário de como tratar o próprio sistema. A ignorância também é karma. Assim como a ação é karma, a inação também é!

Recentemente, alguém me procurou e me falou de um amigo querido que perdera o movimento da mão. Sim, o acidente foi infeliz. Mas a verdadeira questão não é quantas mãos você tem; a verdadeira questão é se você sofre por elas.

Muitas deidades hindus são representadas, na iconografia e nos calendários, com quatro ou mais mãos. É muito provável que, se tivesse quatro mãos, você também sofresse por isso. Você não acharia que era um deus; acharia que era um monstro! E sofreria por isso, com certeza.

Conheci um homem que tinha um dedo a mais e vivia com a mão enfiada no bolso. Por quê? O dedo não doía; não tinha problema nenhum. Era perfeitamente bom. O problema era só que todo mundo tem dez, e ele se sentia esquisito. Portanto, não é por nove ou onze dedos que a pessoa sofre; é só porque está criando seu próprio sofrimento a partir da comparação. Esse é um jogo psicológico.

A uns 11 quilômetros do Centro de Yoga Isha em Coimbatore, na Índia, há uma delegacia de polícia. Uns 25 anos atrás, havia nela oito ou nove policiais; hoje, são uns catorze. Essa delegacia está encarregada de 250 mil pessoas. Os policiais não têm viatura nem portam armas. Num dia normal, há três ou quatro policiais de folga. Outros três estão no plantão da noite. Assim, na verdade são apenas sete ou oito na delegacia. Se você os chamar à noite, um deles irá até você de bicicleta ou pedirá que vá à delegacia dar um depoimento. Não há muita estrutura de imposição da lei por aqui, mas também não há muitos crimes.

Muitos moradores dessa área levam vidas economicamente empobrecidas, mas em geral são pessoas pacíficas e felizes. Provavelmente, veem pessoas indo ao Centro de Yoga Isha em belos carros, às vezes em Mercedes-Benz e Bentley, mas não se desesperam nem invejam o que os outros têm. Há um crime ou outro – em geral, brigas de família ou conflitos de castas –, mas a incidência de crimes dolosos e homicídios por dinheiro é baixíssima. Essas pessoas talvez não tenham um processo espiritual consciente, mas um certo éthos se infiltrou profundamente em sua psique. Para elas, esse é seu karma; elas veem a vida como algo que elas mesmas constroem e, assim, não sentem necessidade de tomar o que não lhes pertence nem cobiçar as posses dos outros.

Agora, não quero romantizar a pobreza. Pode-se argumentar que esse tipo de pensamento levaria ao fatalismo e à passividade. Sem dúvida, é preciso reincutir um certo dinamismo no entendimento do karma. É importante que as pessoas sintam que, se é determinada por elas, a pobreza também pode ser revertida. *Karma significa que você pode mudar seu destino, não simplesmente ser governado por ele.* Mas, ao mesmo tempo, há algo maravilhoso nessa habilidade de criar alegria em todos os tipos de circunstância. Essas pessoas podem ser pobres, mas não estão sofrendo.

O sofrimento e a infelicidade são sempre uma escolha. É claro que a dor física tem de ser tratada de um jeito muito específico. Mas o sofrimento só está presente na mente. Se estiver sofrendo mentalmente, isso significa que você é a fonte de seu próprio sofrimento. Você é o produtor da sua própria angústia.

Pode ser que, por acaso, a substância kármica dentro de você contenha todos os ingredientes necessários para criar sofrimento. Talvez você tenha plantado todos esses ingredientes inconscientemente no passado. Então, o que você pode fazer sobre isso hoje? A resposta é simples: *não produza sofrimento para si próprio hoje!* Talvez coisas terríveis tenham lhe acontecido ontem. Talvez você tenha perdido tudo que lhe é precioso. Mas, ao se levantar pela manhã, você ainda tem a opção de não produzir sofrimento para si. Sim, os ingredientes da infelicidade estão presentes. Estão à espreita, talvez até sejam uma tentação. Mas não podem se transformar em sofrimento sozinhos.

O sofrimento precisa estar fresquinho todo dia. Em outras palavras, seu karma não pode se transformar em sofrimento sem a sua cooperação. Assim que você toma consciência, seu sofrimento termina.

Portanto, a fonte da sua infelicidade *não* são suas ações passadas. A fonte de sua infelicidade é o modo como você processa as impressões do passado neste momento. Se estiver carregando um saco cheio de lixo fedorento, ainda assim você tem uma escolha: pode se esfregar nele e ficar terrivelmente infeliz ou fazer um bom adubo e criar um jardim maravilhoso.

O karma é a semente. O que fazer com essa semente é uma decisão que cabe inteiramente a você. Se me derem um pacote de sementes sortidas e eu as jogar no quintal, talvez todas brotem. Algumas sementes de manga produzirão frutas muito doces. Mas também poderá haver sementes amargas. A losna-branca pode ser uma erva daninha indesejada. Mas ainda tenho a opção de arrancá-la. Posso remover o que é supérfluo e ficar com o resto.

É assim que seu alimento é cultivado todo dia. Grande parte da agricultura é só arrancar as ervas daninhas. Na verdade, há mais mato do que plantas crescendo até mesmo no seu jardim. Se continuar arrancando o mato, você terá um jardim. Caso pare, derrotado, você terá um canteiro de mato. (Bom, é claro que algumas pessoas aprenderam a gostar do mato também!)

Isso também vale para a vida. Você tem seu karma-semear. Mas também tem seu karma-capinar. É aí que entra a volição. É aí que a intenção se torna essencial. Se decidir não desempenhar seu karma-capinar, sua vida será apenas um matagal muito crescido. Se escolher desempenhar essa função simples, sua vida poderá produzir uma colheita riquíssima.

Kula vedana: o peso do karma coletivo

Existe karma coletivo? O sofrimento dos pais é transmitido aos filhos? Por que alguns clãs e comunidades parecem sofrer mais que outros?

Neste momento, podemos realizar ações no âmbito individual. Mas o que fazemos também pode afetar muitas outras pessoas. Nossos atos de inteligência e estupidez têm consequências coletivas. Se escolhêssemos viver no alto da montanha, o karma dos animais selvagens poderia nos afetar mais ainda! Mas, como escolhemos viver entre pessoas em situações sociais, as intenções e ações dos outros nos afetam. Esse se torna nosso karma coletivo.

Existe o que é chamado de *kula vedana*. Ele se refere ao sofrimento coletivo, o sofrimento de uma família, de um clã ou de uma comunidade. Significa que o sofrimento dentro de você não vem só de seu passado individual. Vem de seus ancestrais e será transmitido a seus filhos ainda por nascer.

É por isso que as sociedades tradicionais costumam manter demarcações muito estritas em termos de quem poderia se casar com quem. Mais tarde, essas demarcações evoluíram para a ortodoxia e a discriminação social, e não são relevantes no mundo de hoje. No entanto, sua origem se enraíza num determinado entendimento. O xis da questão não era apenas genético. Ele se baseava no entendimento de que uma certa memória kármica impressa em seu sistema energético é transmitida aos filhos e, portanto, perpetua o sofrimento. Isso significa que você cria o tipo de karma que com certeza terá um impacto negativo nas gerações futuras.

Embora essas demarcações não tenham lugar no mundo moderno, muita gente cria extrema infelicidade para as gerações futuras sem ter consciência disso. Em geral, há muito autoengano envolvido. Essas pessoas podem ser consideradas pilares da sociedade, paradigmas da virtude, mas suas ideias ou seu modo de viver podem espalhar sofrimento por gerações a fio. Em sua ignorância, elas contaminam tanto a própria vida quanto a dos filhos ainda por nascer.

Assim, seu modo de viver não se limita a você. A possibilidade de as gerações anteriores serem libertadas de seu karma e deixarem de sofrer também depende da forma como você existe. O tipo de graça que você teve a sorte de receber em sua vida também pode afetar a vida dos que vieram antes e virão depois de você.

Os épicos indianos têm histórias de reis que não nasceram de reis, mas de sábios. Nessa prática, chamada *niyoga*, a rainha tinha filhos com um sábio, não com o marido. Isso era realizado com total conhecimento do rei. A ideia era romper a cadeia de sofrimento dentro da família. O rei não queria que os filhos herdassem todo o seu karma negativo; ele queria um filho que fosse melhor do que ele jamais seria capaz de gerar. Hoje, isso pode nos parecer escandaloso e inconcebível. Mas se baseava na lógica simples de que o reino merecia ter o melhor governante possível. O rei não queria prejudicar nem envenenar os filhos com seu próprio sofrimento, sua própria ganância, seu próprio desejo. Ele queria o melhor para seu povo. Obviamente, essa prática está desatualizada e é irrelevante nos tempos modernos, pois descobrimos modos democráticos de escolher nossos líderes. Mas na época ela se baseava numa determinada percepção de como a vida acontece.

Se for ao cinema como espectador, você pode apreciar a diversão; pode rir, chorar, comer pipoca e ir embora. Mas cineastas veem o drama todo de uma forma diferente. Eles sabem como o filme é feito; conhecem o ofício por trás dele. Um mero espectador nunca entenderá como o filme foi criado. Isso também vale para a vida. Antigas tradições de sabedoria entendiam como a vida funcionava, e algumas práticas que nos parecem estranhas hoje nasceram dessa percepção.

Além disso, há ainda um aspecto muito simples no karma coletivo. No começo do século XX, a população humana era de 1,6 bilhão de pessoas. Em agosto de 2020, a população mundial foi estimada em 7,8 bilhões. Eis um exemplo de karma irresponsável. Se nos multiplicamos nesse nível, definitivamente é por ação nossa. Não podemos culpar a vontade de Deus por isso.

Costumo contar uma anedota de quando fui a uma conferência internacional sobre a pobreza. Enquanto eram citadas estatísticas sobre os milhões de crianças que morriam de desnutrição todo ano, um participante se levantou e disse:

– Mas tudo isso não é a vontade divina?

– Sim – eu disse –, se outra pessoa está morrendo de fome, é claro que *tem* que ser a vontade divina. Se o filho de outra pessoa está morrendo de desnutrição, *tem* que ser um plano divino. Mas se *você* estiver morrendo de fome, você terá seu próprio plano, não terá?

Infelizmente, distorcemos aspectos básicos da vida para adequá-los à nossa própria lógica distorcida e interesseira. Em nome da divindade, tiramos até a humanidade dos seres humanos. Fala-se muito sobre a divindade neste mundo, mas não é preciso falar sobre o divino. Se permitirmos que nossa humanidade transborde, o divino acontecerá. Tem que acontecer. A meta deveria ser construir-nos de modo a escravizar o divino, não o contrário!

Karma significa ação. Ação de quem? *Minha* ação. Responsabilidade de quem? *Minha* responsabilidade. Se você entender essa formulação simples, o karma vai fazer sentido. Não é necessária nenhuma teoria complexa. Veja por este lado: "O modo como estou neste momento é uma criação minha. O modo como estarei amanhã também será uma criação minha." Isso é karma. Esse é o modo mais dinâmico de existir.

Hoje, se uma criança passa diante de nós sem ter no corpo nem a nutrição básica, esse é nosso karma coletivo. É algo que nós fizemos.

Enquanto sociedade, enquanto geração, não fizemos o que precisávamos fazer para nutrir essa criança. Talvez não tenhamos gerado a criança e ela seja consequência do karma de dois outros indivíduos. Mas ainda assim é nosso karma. Toda vez que vemos uma criança desnutrida, uma dorzinha aparece dentro de nós. Não podemos fugir disso. É o *nosso* karma.

Temos hoje à nossa disposição a tecnologia capaz de criar um bem-estar fenomenal ou destruir o planeta várias vezes. Se forem empoderados, os ignorantes podem sabotar inteiramente a humanidade. Não é preciso um holocausto nuclear. Somos capazes de asfixiar a todos nós sem nenhuma ajuda nuclear.

No entanto, quando cada um de nós perceber as enormes consequências de nossa volição, de nossos pensamentos e ações, poderá surgir a aurora de uma grande possibilidade: um planeta consciente. Assim poderemos nos transformar não só nos arquitetos de nosso próprio destino, mas em colaboradores do destino coletivo da espécie humana.

O debate sobre o destino e o argumento da astrologia

E sobre sorte, destino, sina? Eles desempenham algum papel determinante na nossa vida? Essas palavras são relevantes para nosso entendimento do karma?

Está na hora de demolir alguns mitos imediatamente. O que você chama de sorte é apenas uma situação de vida que você criou para si inconscientemente. Seu destino é o que você criou sem tomar consciência. Caso você se torne 100% consciente, seu destino se tornará uma criação consciente. Caso permaneça inconsciente, voltará a recorrer a palavras como *sorte* e *providência* para descrever suas dificuldades. É simples assim.

Para cada ação que realizamos, há uma consequência. Se a consequência vai gerar frutos hoje, amanhã ou daqui a dez anos, é irrelevante. A questão é que ela sempre gera frutos de um modo ou de outro. Assim, alguns atos inconscientes de muitos anos atrás podem ter consequências hoje. Você pode escolher chamar isso de sorte. Mas também poderia muito bem chamar de karma: sua responsabilidade.

Se você recebesse um diagnóstico de hipertensão neste momento, você poderia pensar: "Ah, por que isso aconteceu comigo? Por que eu? Por que não meu vizinho?" O que a maioria das pessoas não admite é que passou anos da vida perdendo a calma rotineiramente. Na sociedade moderna, é considerado muito natural se zangar cinco vezes ao dia! As pessoas sempre encontram razões que parecem perfeitamente justificáveis. Mas, depois de anos vivendo assim todo dia, alguém ainda se surpreende com tanta gente com pressão alta? Depois de anos poluindo o planeta e se recusando a mudar de estilo de vida, alguém ainda se surpreende com tantas outras doenças que estão aparecendo sem controle hoje no mundo? Será que não somos coletivamente responsáveis por elas? O fato é que as pessoas constroem a própria vida e as sociedades escrevem as próprias narrativas autodestrutivas, mas aí tentamos jogar a batata quente para Deus ou o destino. Pode até ser conveniente, mas é um jeito tolo e imaturo de existir.

Dado que a sorte é uma criação inconsciente sua, é importantíssimo que todos os aspectos da sua vida aconteçam conscientemente. Senão, você continuará a envenenar a sua vida sem ter a menor ideia do dano que está causando a si mesmo.

Isso nos leva a uma questão relacionada: se determinamos o curso da nossa própria vida, e a astrologia? E todas aquelas pessoas que receberam previsões espantosas e exatíssimas sobre o futuro? Qual o significado dos mapas astrais ou "horroróscopos", como costumo chamar, que guiam a vida de tanta gente? Se o ofício de prever o futuro durou tantos séculos, então será que deve haver alguma verdade nisso?

Bom, a astrologia é simplesmente um modo de traçar determinadas possibilidades na vida de alguém. Se eu olhar para você, como a sua trajetória kármica ficará imediatamente clara para mim, poderei dizer: "Tudo bem, dadas as suas tendências naturais, esse é o rumo que sua vida vai tomar." Não há nada profundo nisso. A astrologia é simplesmente um possível mapa de sua vida que leva em conta suas tendências e características herdadas.

Mas considere a seguinte situação. Mil anos atrás, se você fosse um marinheiro e o vento soprasse para leste, você iria para o leste. Talvez quisesse ir para a América, mas acabaria no Japão. Era inevitável. O vento decidia seu destino. Agora não mais. Que o vento sopre para onde quiser, pois hoje em dia podemos garantir que vamos parar onde queremos! Impulsionamos nossa própria vida. Não permitimos que o vento nos empurre para cá e para lá. Do mesmo modo, no processo da vida, se você impelir a si mesmo, diremos que está num caminho espiritual. Mas se for empurrado de um lado para outro por suas tendências, seus hábitos e preconceitos acumulados, então estará à mercê de seu horroróscopo!

Tradicionalmente, as famílias da Índia recorriam aos horóscopos porque eles indicavam as tendências, a substância kármica da pessoa, os rumos possíveis da vida dela. Com base nessa leitura astrológica, a pessoa recorria à prática espiritual que a capacitasse a transcender essas tendências. Mas, em algum ponto do caminho, abandonamos a tecnologia da transcendência e ficamos só com o horroróscopo! É uma situação muito lamentável.

Por definição, o objetivo da prática espiritual sempre é tomar o destino nas próprias mãos. Se quiser voar, é bom olhar como está o tempo: para que lado sopra o vento, se há nuvens de chuva vindo em sua direção, onde estão as áreas de baixa pressão, e assim por diante. Tradicionalmente, as pessoas recorriam à astrologia pela mesma razão. Mas a meta sempre foi escrever o próprio destino, não permitir que fosse escrito pelos vasanas e pelas predisposições herdadas.

A história lendária de Markandeya, na mitologia indiana, é o testemunho da determinação de assumir o controle da própria vida. Embora sua morte precoce tivesse sido prevista, esse rapaz corajoso triunfou sobre a própria morte. Apesar de buscar a graça para superar a morte, aprender a ficar disponível para a graça também é karma. É isso que significa ser espiritualizado. Significa que agora você está disposto a tomar o próprio processo de vida e morte nas mãos. Significa que agora você diz a si mesmo: "Não importa quem foram meus ancestrais nem qual é minha substância kármica. Não importa qual foi meu passado.

Decidi para onde estou indo. Determinei que estou avançando rumo à minha libertação."

O horóscopo, de qualquer modo, era apenas um modo de contornar possíveis obstáculos. Nunca pretendeu ser um roteiro de vida a ser seguido às cegas. Na verdade, se você está no caminho espiritual, os astrólogos autênticos nunca lhe farão previsões. Ser espiritualizado significa se dedicar a mapear o próprio destino. Quando está num caminho desses, o que você diz ao mundo, em essência, é: "Não sou soprado pelo vento. Sou impelido por mim mesmo."

SADHANA

Se quiser impelir a si mesmo, é importante começar estabelecendo sua intenção. Torne sua intenção a mais abrangente possível. Comece com uma resolução simples. Decida ser uma Mãe para o Mundo. Isso significa ver todos como se fossem seus. Não há ninguém que não faça parte do seu clã. Ao andar pela rua, você é capaz de olhar todo mundo com a mesma doçura de emoção que surge quando vê seu filho chegando da escola? Por si só, essa intenção pode libertá-lo de muita agitação e negatividade e poderá ter um impacto tremendo sobre a forma como você cria o seu próprio destino.

Se tiver consciência a cada momento de que tudo e todos neste planeta são seus, você não precisará de nenhuma lei para lhe dizer o que deve ou não fazer. Você terá mudado sua identidade fundamental. Agora suas fronteiras kármicas se dissipam, e você experiencia uma sensação de não ter limites. Assim nasce uma nova identidade de inclusividade e envolvimento.

◇◇◇

TRÊS

O karma como memória

SUTRA Nº 3

Só há um crime contra a vida: fazer crer que você é algo diferente da vida.

O gigantesco banco da memória

Aconteceu.

Certo dia, Shankaran Pillai ficou muito zangado com sua mulher e saiu de casa. Depois de passar a noite perambulando pelas ruas, foi a um restaurante tomar o café da manhã. Quando o garçom chegou à mesa, ele disse:

– Por favor, me sirva um café fraco com sambar bem salgado e idlis duros como pedra.

O garçom não entendeu.

– Mas, senhor, posso lhe servir um café bem forte e quente, um ensopado delicioso e bolinhos supermacios.

– Seu idiota, acha que vim aqui apreciar o café da manhã? – perguntou Shankaran Pillai. – Só estou com saudades de casa!

Portanto, não importa o que seja; depois de se acostumar com alguma coisa, seja agradável ou desagradável, você não consegue largá-la!

Se é a volição que determina o karma, a pergunta inevitável é: de onde vem sua volição?

Como vimos, de sua identificação com a noção de separação.

E de onde surge essa identificação?

Da memória.

Você acredita que é um indivíduo porque sua memória lhe diz que isso é o que você é.

Então talvez fosse mais preciso e útil descrever o karma como memória.

Pense nisso. Tudo que você considera ser *você* é resultado da memória. O que você chama de "eu" é, em todos os sentidos da palavra, um produto do seu passado.

Tudo com que você já entrou em contato através dos cinco órgãos dos sentidos – tudo que viu, ouviu, cheirou, provou e tocou – está aí na sua memória, influenciando sua personalidade. Cada pedacinho de memória que você reuniu, tanto na vigília quanto no sono, está nesse banco.

Quer esteja consciente disso ou não, todas as células do seu corpo se lembram e agem com base nessa lembrança a cada momento da sua vida. A vida lhe fala sobre o seu karma a todo instante. O problema é que você só dá ouvidos aos seus pensamentos e aos seus vizinhos! Se escutasse o processo da vida, nenhum ensinamento e nenhuma escritura jamais seriam necessários.

O karma é um grande ruído. Se você não é capaz de ouvi-lo, é apenas porque, neste momento, está acostumado a escutar o mundo exterior. Mas, a partir do momento em que aprender a escutar a sua interioridade, você ouvirá o estrondo kármico em alto e bom som. O nível de decibéis é tão alto que não tem como não ouvir!

Seu corpo é um amontoado de comida que você ingeriu com o passar do tempo. Sua mente é um amontoado de ideias e impressões que você assimilou e processou ao longo do tempo. Ambos são criações do passado. Ambos são produtos da memória. Assim, quer você se identifique com seu corpo, quer com sua mente, o que chama de personalidade é, simplesmente, um acúmulo de memória. *A essência de tudo que você considera ser você é kármica.*

Neste instante, se sair de casa e andar alguns quarteirões pela rua, cem cheiros diferentes vão atacá-lo. Talvez você não tenha consciência deles. Só se surgir um cheiro muito forte você o notará. Mas todas as cem variedades de cheiros com que suas narinas entraram em contato foram efetivamente registrados inconscientemente em sua memória.

Experiências que comprovaram isso: alguém que não sabe chinês, por exemplo, é exposto ao idioma quando está em sono profundo. Anos depois, sob determinadas condições de hipnose, a pessoa realmente consegue pronunciar as mesmas dez frases em chinês que ouviu quando estava adormecida. É assim que a memória funciona; os sistemas do corpo, da mente e da energia simplesmente estão absorvendo informações a todo momento.

Talvez você não se lembre conscientemente do que aconteceu 25 anos atrás, mas o que quer que seja, ainda o afeta. O que aconteceu 2.500 anos atrás ainda está impresso no seu corpo. O que aconteceu 25 milhões de anos atrás ainda está codificado em seu corpo. Tudo que já aconteceu na Terra ainda é lembrado pelo seu corpo, porque seu corpo é apenas um pedaço deste planeta.

A memória desde o comecinho da criação está bem *aqui*. Sua mente pode ter esquecido como era a vida como um ser unicelular, mas seu corpo ainda recorda. Sua mente pode ter esquecido sua bisavó, mas o nariz dela ainda está no seu rosto. Você pode desdenhar e dizer que isso não passa de genética. Mas a genética, como já vimos, é essencialmente memória. As pessoas pensam que memória só tem a ver com a mente. Mas as coisas não são assim. O volume de memória que o corpo carrega é um bilhão de vezes maior do que o volume de memória que sua mente é capaz de carregar.

As pedras, as árvores e os vários objetos à sua volta emitem vibrações diferentes neste exato momento. Cada seixo, cada pedra diz alguma coisa. O problema é que a maioria das pessoas não é sensível a ponto de ouvi-las ou não tem atenção suficiente para decifrar sua linguagem.

Agora, se todos os níveis de memória dentro de você fossem apagados agora mesmo, você não teria nenhuma personalidade. As diferenças de personalidade entre as pessoas se devem inteiramente à memória – física, mental, energética. Quando essa memória se manifesta, você se torna um autômato que funciona de acordo com os ditames de seu karma passado. Sua habilidade de usar a mente discriminatória diminui aos poucos e sua habilidade de escolha fica obstruída.

À medida que o aprisionamento kármico aumentar, você tentará naturalmente traçar círculos cada vez menores à sua volta. Aos 18 anos, a maioria das pessoas traça círculos grandes; aos 70, os círculos encolhem, e as pessoas descobrem que só conseguem se dar bem com poucas outras pessoas. Ao traçar círculos kármicos, você determina os limites da sua responsabilidade. Conforme continua encolhendo essas fronteiras, você avança diretamente para a depressão. Ainda assim, o problema humano é que você rotula constantemente seu aprisionamento como liberdade!

Há um modo simples de verificar se você está aumentando ou diminuindo o tamanho de seu círculo kármico. Quando as situações da vida o colocam em terreno desconhecido ou inesperado, qual é a sua reação? Se lhe pedissem que se vestisse de um jeito diferente para uma ocasião, se descobrisse que não sabe onde deixou as chaves, se seus sapatos fossem embora nos pés de outra pessoa por acidente, se você chegasse a um hotel e descobrisse que teria que dormir num colchonete, como reagiria? Esses são gatilhos pequenos. Pense nos maiores e pergunte-se qual seria a sua reação. Se basta pensar nessas situações para ficar ansioso, você habita um espaço kármico muito restrito.

Essas reações inconscientes se tornam os aspectos não examinados de sua personalidade. Com o tempo, esses padrões ficam mais rígidos e cristalizados, e aí você diz: "Ah, esse é o tipo de pessoa que eu sou. Essa é a minha personalidade." Alguém pode até lhe sugerir um jeito melhor de levar a vida, mas então você se vê dando de ombros e dizendo: "Não, não, é assim que eu sou."

Quantas vezes isto aconteceu com você? Você se decide: "Vou fazer essa mudança na minha vida." Durante três dias, você se transforma; no quarto dia, volta à mesma rotina! Embora tentasse escolher de um jeito diferente, os antigos padrões acabam levando a melhor.

Quando tinha 18 anos, parecia que você poderia crescer de muitas maneiras diferentes. Mas, à medida que foi envelhecendo, foi como se, aos poucos, as opções diminuíssem cada vez mais. Foi como se só houvesse uma maneira possível de ser. Quando a substância kármica aumenta de volume, a mente discriminatória se torna quase inútil, porque agora você age principalmente a partir de hábitos, padrões e ciclos.

A atração aos seus próprios padrões kármicos pode ser poderosa, porque a maioria das pessoas tem uma sensação de segurança com o que é conhecido e familiar. Se os padrões ou ciclos são grandes ou pequenos é irrelevante. Sua recorrência pode dar uma sensação de segurança, identidade e até de poder para os que temem o desconhecido.

Aconteceu.

No ano de 2009, um leão na floresta foi até um porco e se gabou:

– Olhe para mim! Sou o rei da selva. Se eu rugir, a selva inteira treme de medo.

O porco riu e disse:

– Isso não é nada. Se eu espirrar, o mundo inteiro tremerá de medo neste instante.

A questão da identidade (é claro que, durante a pandemia de gripe suína, o porco tinha muita consciência dela) definitivamente tem mais poder do que nunca!

Portanto, se quiser romper a tirania da memória kármica, você precisará criar uma rachadura na substância kármica. Senão, já que veio ao mundo como um ser humano com esse nível de inteligência e consciência, seria trágico abrir mão do grande poder humano de escolha.

Seres humanos como sacos de karma

Quando eu tinha 4 ou 5 anos, costumava ver as pessoas como formas nebulosas. Se simplesmente me sentasse na sala e olhasse em volta para a minha família – mãe, pai, irmão, irmãs –, eu os via como seres nebulosos, como fantasmas que se moviam de um lado a outro. Se eu andasse ou falasse, eles tinham a aparência de pessoas. Mas, se simplesmente ficasse parado, eu os via como figuras de fumaça flutuando por ali. E, depois de ver as pessoas como seres semissólidos de fumaça, todo o drama da vida cotidiana se torna totalmente sem sentido. De repente, meu pai vinha e perguntava: "E a prova de matemática?" Eu não fazia ideia do que ele estava falando! Era como assistir à televisão depois de apertar o botão de mudo.

Uma das coisas que não me causavam muita impressão era o gênero das pessoas. Durante muito tempo, isso não se registrava em minha mente. Mesmo mais tarde, nunca prestei muita atenção à forma física das pessoas. O que sempre atraía minha atenção era uma forma maior e mais nebulosa que eu conseguia ver claramente em torno delas. Nunca senti a necessidade de definir essas formas para mim mesmo. Mas percebi depois que eram o corpo energético que todo ser vivo tem. Na terminologia yóguica, é o que se chama *pranamayakosha*. É possível ver o karma claramente impresso nesse nível.

Pode ser algo difícil de entender, mas minha mente nunca está inclinada a compreender nada do que vejo. Se não vejo com clareza, olho com um pouco mais de atenção, mas não faço esforço para compreender intelectualmente. Se quiser ver algo com perspicácia, aprenda simplesmente a aguçar sua percepção. Se olhar uma árvore com intensidade suficiente, por exemplo, você não precisará ler um manual de jardinagem; poderá avaliar se ela recebeu sol ou água suficientes. (É claro que uma triste ironia de hoje em dia é que muitas pessoas se sentam sob uma árvore e escolhem ler um livro sobre árvores em vez de aprender com a própria árvore!)

É disso que trata a disciplina yóguica: simplesmente aprender a olhar. É por isso que não paro de dizer às que me rodeiam: não procure nada. Não procure o significado da vida. Não procure Deus. *Apenas olhe* – isso é tudo. Essa é a qualidade fundamental de um buscador espiritual: a vida é ver o que existe, não o que você quer ver.

Por serem tão identificadas com a própria individualidade moldada pela sua substância kármica, as pessoas refletem as mesmas limitações. Elas veem a todos como indivíduos limitados porque se veem do mesmo jeito. Em vez de ver a vida como vida apenas, elas se identificam com fragmentos da vida.

Está na hora de os seres humanos transcenderem a lente distorcida do karma – a lente que os faz confundir a projeção com o real, sua criação psicológica, fragmentada e conduzida pela memória com a incrível majestade da própria vida. Está na hora de despertar para o fato de que *só há um único crime contra a vida*: acreditar que você é algo diferente da vida. Infelizmente, nossa ideia de individualidade é separação, e essa é a base de todo sofrimento.

Assim como em cada átomo reside um poder de enormes proporções (suficiente para provocar destruição inimaginável), o poder inerente da inteligência humana foi decomposto em formas atomizadas de pensamento e emoção. Elas se tornaram uma fonte de sofrimento e destruição indescritíveis. Pergunte à Mãe Terra; ela com certeza concordará! Nossa identificação com a separação decompôs essa criação magnífica e estilhaçou a universalidade da nossa vida.

No entanto, no fim, *é o universal que prevalece*, não nossas identidades fragmentadas. No esquema mais amplo das coisas, os seres humanos não valem nada. Mesmo que você destrua o planeta, isso não significa nada. A criação é como um videogame: quando acaba, não resta nada na tela. Nem mesmo uma centelha para sugerir o que um dia já foi.

Assim, sem nenhuma intenção de menosprezar os seres humanos, permitam-me dizer que, quando olhava as pessoas, eu só as via como sacos de karma. Ainda vejo. Algumas são sacos imensos; outras são sacos pequenos; outras ainda são só um envelope. A natureza da carga pode ser diferente em termos de qualidade e impacto. O conteúdo kármico mais leve dá tranquilidade à vida. E o modo como você lida com cada indivíduo se acomoda naturalmente com base nisso. Quando você é karmicamente leve, os outros se aproximam de você com muito mais facilidade.

Se cem pessoas estiverem sentadas diante de mim neste momento e eu me concentrar em uma delas, consigo sentir separadamente sua vibração específica e, com isso, conheço todo o seu karma. Posso não saber o que ela fez numa vida anterior, se casou, se teve filhos. Posso não saber os detalhes. Mas conheço a qualidade de seu karma. Sei se a qualidade dominante é ódio, raiva ou paz. No momento em que vejo uma pessoa, sei disso. Para saber os detalhes, é preciso entrar na mente inconsciente dela; essa é uma dimensão diferente. Mas ver simplesmente o saco kármico pode me dar uma ideia de seu karma.

No entanto, o saco ser grande ou pequeno – ou mesmo um envelope – não significa necessariamente mais ou menos karma. É a *densidade* do material que importa. Na verdade, um envelope pode conter muito mais karma do que um saco, mas a diferença é de refinamento. A substância kármica acumulada em decorrência de medo, raiva, ódio e ciúme criará uma densidade que a torna difícil de carregar e também difícil de abordar. Assim, toda a tradição de dividir o karma em bom e mau é apenas uma demarcação superficial. Mas a carga mais refinada é inegavelmente mais fácil de carregar. Um saco pode conter algodão solto; um envelope pode ter o peso de uma epopeia!

Houve muitas pessoas a quem eu disse, em termos nada ambíguos (às vezes com até mais de uma década de antecedência), que determinados problemas de saúde, acidentes ou perdas de fortuna lhes ocorreriam. Eu não estava fazendo uma previsão astrológica da desgraça delas. Era uma simples percepção com base na visão que tive de sua trajetória kármica. Não eram acontecimentos intrinsecamente bons ou maus. Eram ocorrências em sua trajetória que poderiam ser alteradas distanciando-se dos eventos ou exercendo karmas alternativos para contrabalançá-las.

Eu mesmo carrego um milhão de vezes mais karma do que a maioria das pessoas, porque recordo conscientemente várias vidas. Mas não carrego isso como um fardo. Se olhar a maioria dos intelectuais deste mundo, você verá que eles se tornaram pesados de tanta memória. Carrego muito mais memória do que a maioria, mas isso não me sobrecarrega, porque mantenho meu karma com um certo distanciamento de mim. Posso acessá-lo quando preciso, mas não o carrego comigo o tempo todo. Com a prática, todo mundo é capaz disso. É semelhante à nuvem onde hoje armazenamos os arquivos do computador – acessíveis quando precisamos, mas sem ocupar espaço no disco rígido. Portanto, tenho acesso a vidas inteiras de memória, mas está tudo na "nuvem"!

Membranas da memória

A tradição yóguica tem um método elaborado de diferenciar a memória. Ela distingue oito dimensões, ou "membranas", da memória: elementar, atômica, evolutiva, genética, kármica, sensorial, articulável e inarticulável.

As oito podem ser vistas essencialmente como karma humano. As quatro primeiras são tipos de memória em que a volição pessoal não desempenha nenhum papel. As quatro seguintes são aquelas em que a volição pessoal realmente tem seu papel. Em outras palavras, as quatro primeiras constituem nosso *karma coletivo*; as quatro seguintes, nosso *karma individual*.

Vamos examinar os quatro primeiros aspectos da memória, aqueles em que a volição pessoal não entra em cena:

A *memória elementar* se refere ao modo como as partes constitutivas de seu sistema – terra, água, fogo, ar e éter – moldam quem você é. Elas trazem consigo lembranças desde o comecinho da criação.

A *memória atômica* se refere aos padrões flutuantes dos átomos que formam seu corpo – moldando ainda mais seu sistema.

A *memória evolutiva* refina a sua biologia. É esse software evolutivo que faz de você um ser humano, por exemplo, não um animal. Mesmo que coma ração de cachorro, você continua sendo humano! Esse código evolutivo está profundamente impresso em seu DNA.

O que é seu corpo, afinal? Como vimos, é apenas um acúmulo de comida, água e ar que você absorveu do planeta. A substância que você chama de terra e a substância que chama de corpo não são diferentes. Mas um complexo amálgama de lembranças transforma a substância até ela não ser mais reconhecida. O mesmo solo se torna alimento quando ingerido, nutre você e faz de você um ser humano, não uma planta ou um cachorro. O privilégio de ser um ser humano nesta vida se deve principalmente à memória evolutiva.

Os mesmos elementos externos de água, ar e comida se comportam de forma diferente dentro de cada ser humano. Assim que você os ingere, eles começam a agir de maneiras muito diferentes. A água numa garrafa é muito diferente da água dentro do seu sistema. A fruta fora de você se comporta de um jeito muito diferente de quando está dentro de você. A transformação se deve principalmente à interação de memória atômica, elementar e evolutiva dentro de você.

Algumas dimensões da memória são compartilhadas por todos nós: a elementar, a atômica e a evolutiva. No entanto, nossos karmas genético e pessoal são diferentes. A *memória genética* é transmitida dentro das famílias e determina várias características físicas e psicológicas em comum.

Além desses quatro tipos de memória, que formam nosso *karma coletivo*, estão os quatro tipos de memória em que a volição pessoal desempenha seu papel; eles formam nosso *karma individual*.

Primeiro vem nossa *memória kármica pessoal*: o bombardeio de impressões que nos moldou com o tempo e nos transformou em seres humanos distintos, cada um com esquisitices e idiossincrasias próprias, gostos e aversões, hábitos e preferências. Todo ser humano carrega um vasto armazém de memória kármica pessoal, e por isso não há dois seres humanos completamente iguais – nem mesmo irmãos gêmeos.

Nossa negociação diária com o ambiente físico e cultural imediato também causa impacto sobre o nosso sistema, determinando o modo como nosso corpo e nossa mente respondem ao mundo e criando a *memória sensorial*.

Em seguida, temos a *memória inarticulável*, o enorme reservatório de informações genéricas e específicas acumuladas ao longo de eras e do qual não temos consciência. É uma base semelhante aos alicerces de uma casa e influencia em silêncio o modo como você reúne a *memória articulável* – sua superestrutura. A memória articulável é o impacto de todas as informações conscientes que cada ser humano leva dentro de si.

Essas oito dimensões da memória não são membranas separadas. Elas estão profundamente interligadas, e são essas interconexões as responsáveis pela impressionante diversidade de seres humanos que vemos à nossa volta. Essas membranas constituem todo o volume do karma de um ser humano.

A evolução é a memória acumulada que cresce constantemente para atingir possibilidades de vida cada vez mais elevadas. Mas os seres humanos, por estarem no pico da evolução, podem transcender todo esse volume de memória acumulada e se tornar os arquitetos de seu próprio destino.

Quando os mortos vivem por seu intermédio

Num programa que coordenei recentemente em Los Angeles, vi quatro participantes muito parecidas. Mas elas não eram irmãs. Simplesmente iam ao mesmo médico! Portanto, hoje há modos engenhosos de reconfigurar nossa herança genética.

Na Índia, a palavra *samskara* é usada tradicionalmente para descrever o impacto duradouro de nossa memória genética sobre o nosso presente. Seu corpo na verdade carrega um trilhão de vezes mais memória do que sua mente. A palavra *samskara* denota o torvelinho de lembranças e impressões hereditárias que nos são legadas por nossos ancestrais, nosso clã ou nossa tribo.

Assim, quando uma criança canta excepcionalmente bem, por exemplo, é comum as pessoas dizerem: "Ah, é o *samskara* dela." Isso significa que esse dom específico chegou à criança por seu reservatório gênico, seu aprendizado ancestral.

Essas memórias genéticas não são inerentemente positivas nem negativas. O modo como lidamos com elas é que faz diferença. Trazemos conosco a memória de nossos ancestrais. Mas, se essa memória se torna uma fonte de aprisionamento ou uma vantagem, depende do distanciamento que criamos em relação a ela.

Os mortos tentam viver por meio de você de várias maneiras diferentes. Não se engane: olhe sua própria vida ou a vida dos que o cercam. Para muita gente, ter filhos é um modo de imortalizar seu material genético, um modo de assegurar que vivam além de seu tempo. Esse é seu legado, que esperam que viva na posteridade. Portanto, não subestime seus ancestrais! Eles também tentam viver através de você. Essa é a natureza da memória genética que se autoperpetua. Devemos muito a nossos ancestrais. Mas, se quisermos viver neste planeta como vidas plenas e independentes, e não como marionetes dos nossos ancestrais, primeiro temos de encontrar maneiras de nos tornar indivíduos.

Agora, embora o objetivo do processo espiritual seja dissolver o mito da separação, um primeiro passo importante no caminho é tornar-se um indivíduo. Pode parecer um paradoxo, mas não é. Quando é consequência de muitas influências, você é uma multidão. Quando é uma multidão ou um clã de influências, a transformação é impossível. A multidão pode evoluir com o tempo, mas não pode ser transformada. A transformação, como a palavra indica, necessita de uma forma. Só o indivíduo pode ser transformado ou transcender a identificação estreita com a separação. É impossível um coletivo ser iluminado. A iluminação só pode acontecer com o indivíduo.

Costumo brincar que só existem dois tipos de fantasma: os sem corpo e os com corpo! A maioria dos seres humanos são simplesmente fantasmas com corpo. Em resumo, são fantasmas do próprio passado. Sua vida é simplesmente programada pela memória ancestral.

O samskara é importante por ser um lembrete de que somos moldados pela memória em muitos níveis sutis dos quais nem tomamos consciência. Você pode não estar consciente disso, mas algo dentro do ser humano se ressente profundamente da perda de liberdade.

O lembrete mais contundente disso é a vida na prisão. Testemunhei esse fato em primeira mão quando conduzi programas em penitenciárias. O interessante das prisões é que, na verdade, elas podem ser muito bem organizadas. A comida vem na hora; você recebe roupa e abrigo; a luz é acesa e apagada para você; as portas se abrem para você e, é claro, se fecham atrás de você! Para algumas pessoas que vivem muito mal no lado de fora, a vida na prisão é uma alternativa estruturada. Mas, quando se entra numa prisão, sente-se a dor no ar. Há uma dor profunda e inexplicável na atmosfera, porque a segurança foi dada, mas a liberdade foi tirada. A perda de liberdade é o sofrimento mais profundo para o ser humano.

Na verdade, não importa se sua liberdade lhe for tirada pela prisão, por seus próprios samskaras ou pela memória genética e evolutiva. Seja como for, você descobrirá depois de algum tempo que sua vida estará impregnada de sofrimento inexplicável. Você não saberá por quê, mas toda a sua existência parecerá sufocante, repetitiva, restritiva.

Um experimento histórico realizado em 2013 na Universidade Emory, em Atlanta, fez um achado interessante. Introduziram numa gaiola de camundongos a fragrância de flores de cerejeira. Ao mesmo tempo, um leve choque elétrico foi ministrado repetidamente nos animais. Dali a algum tempo, não havia necessidade do choque. Com o mero cheiro das flores, os camundongos já corriam de medo no sentido oposto.

No entanto, o espantoso foi que a reação de medo também surgiu na geração seguinte. Quando essa nova geração sentia cheiro de flores de cerejeira, tinha o mesmo medo e fugia. Isso sem nenhuma experiência pessoal do choque elétrico. A sensibilidade à fragrância continuou presente também na segunda e na terceira gerações.

Esse experimento marcante nos lembra que os samskaras podem agir de forma insidiosa. É um lembrete de como suas impressões de hoje podem influenciar gerações depois de você. Precisamos da memória genética para a sobrevivência, a continuidade e o bem-estar, mas também precisamos nos distanciar dela para ter uma vida de consciência, alegria e liberdade.

Mas como criar um distanciamento de uma memória da qual você nem mesmo tem consciência? Como se afastar da memória que pulsa, sem que você saiba, dentro de todas as células do seu corpo?

As tradições espirituais indianas criaram uma ciência complexa em torno do uso da memória genética de um jeito que pode aprimorar a capacidade e o sucesso humano. Por outro lado, essa ciência também permite que nos distanciemos conscientemente da memória genética de modo a sustentar nosso crescimento espiritual e nossa libertação.

Num nível, há rituais e práticas especiais (chamados de *karmas* ou, quando realizados em nível mais profundo, *kriyas*) imediatamente realizados para os mortos pela família. Essas práticas se referem ao modo como reverenciamos a memória dos que amamos e, ao mesmo tempo, nos esforçamos para nos libertar de sua influência. São rituais realizados não só para a geração que nos precede. Podem ser feitos para doze gerações em alguns casos, ou sete, ou pelo menos três.

Toda cultura tem variações desses rituais. Jesus exortou os discípulos a deixar os mortos aos mortos. E temos que fazer isso mesmo, se buscamos nos tornar verdadeiramente vivos. Esses rituais indicam nosso desejo de nos libertar dessas influências. São nosso modo de dizer que não queremos levar uma vida reciclada. Queremos começar do zero. Queremos escrever nosso próprio roteiro.

Além dos rituais fúnebres, certas práticas yóguicas podem ser imensamente empoderadoras. A iniciação espiritual é uma intervenção no nível do corpo energético que, de certo modo, nos separa da memória genética.

Também é por isso que muitas formas físicas poderosamente energizadas foram consagradas, no subcontinente indiano, como deidades criadas para o bem-estar de um clã ou comunidade específicos. Quando uma pessoa realizava um ritual ou processo para essa forma de energia, todas as pessoas daquele acervo genético se beneficiavam. Hoje, quando esses grupos muito unidos estão se dissipando e o acervo genético está mais misturado do que nunca, muitas dessas deidades se tornaram praticamente irrelevantes. Mas havia uma tecnologia muito real envolvida em sua criação.

Isso também é teoricamente possível com determinadas práticas yóguicas. Se você selecionar cem pessoas do mesmo acervo genético e ensinar práticas yóguicas poderosas a dez delas, pode bem ser que, dali a trinta meses ou mais, todas as cem pessoas manifestem os benefícios do yoga. Pode soar estranho, mas isso é algo muito possível em situações de proximidade geográfica e genética compartilhada. Quando uma pessoa é tocada no nível do corpo etéreo (*vignanamayakosha* na terminologia yóguica), é possível que influencie outros que tenham os mesmos samskaras. Isso é mais difícil no mundo moderno, em que mais do que nunca as comunidades estão misturadas e espalhadas. Mas hoje o benefício da iniciação no nível etéreo ainda pode impactar outros no contexto familiar mais amplo, mesmo que o impacto seja menor.

Na cultura indiana tradicional, também havia diretrizes complexas para as gestantes – que tipo de comida deveriam comer, a que tipo de situação e atmosfera deveriam se expor. Essas diretrizes detalhadas em torno da concepção e da gravidez faziam parte das culturas orientais porque elas conheciam os mecanismos pelos quais os samskaras podiam ser transmitidos de geração a geração.

Uma das responsabilidades fundamentais de cada geração é perceber que vamos apenas passar o bastão. Simplesmente passamos o bastão da geração anterior para a seguinte. Nossa responsabilidade é deixar um planeta melhor. Em termos ecológicos, não é mais possível deixar um planeta melhor, portanto infelizmente já falhamos no cumprimento desse dever. Podemos trazer alguma melhora, mas não recuperar as coisas do mesmo jeito que eram.

Mas também temos outra responsabilidade: criar uma geração melhor de seres humanos. Só podemos conseguir isso se realmente nos preocuparmos com quem somos hoje. Como a memória é transmitida constantemente de tantas maneiras diferentes, nosso dever é apoiar a geração seguinte assumindo a responsabilidade pela nossa, em primeiro lugar.

Quando vive pela memória de um único livro, você é religioso. Quando vive pela memória de vários livros, é intelectual. Quando vive pela memória de várias gerações de pessoas, você se torna um ser humano verdadeiramente compassivo. Mas, *quando vive além da memória de gerações de pessoas, você se torna um místico.*

Os que têm os mesmos genes que nós absorvem nosso legado com muito mais facilidade do que os outros. No entanto, a ciência do yoga consiste em a pessoa se elevar a um ponto no qual sua memória genética não tenha mais nenhuma influência sobre ela. Assim, você se torna o que o mundo considera um visionário – alguém que vê à frente com clareza e noção penetrantes. Com o aprofundamento da prática yóguica, você descobre que seus samskaras não se limitam mais a categorias de classe, tribo ou comunidade. Agora você é capaz de influenciar praticamente qualquer um. Como cidadão do mundo, seu legado se torna realmente global.

Runanubandha: a doce armadilha da memória física

Qual é o papel dos relacionamentos sérios num mundo que muda tão depressa? Até que ponto são necessários? Será que o compromisso deixou de ter utilidade? Será que deixou de ter relevância?

Essas são perguntas que me fazem com frequência.

Embora pareçam perguntas sociológicas, há um aspecto kármico muito real envolvido. Os relacionamentos sérios e o casamento são arranjos sociais. Portanto, seu valor parece ser apenas social. No entanto, a capacidade do corpo humano de lembrar é enorme. As consequências dessa lembrança para a vida humana também são tremendas.

Esse não é um argumento moral. Ele se baseia no simples bom senso. Seu corpo está transbordando de memória: *tudo* nele é resultado de uma programação, seja a cor, o formato, a textura ou o tamanho. É por isso que você ainda tem o joelho artrítico da sua bisavó e acha difícil apagar os hábitos de seu ancestral macaco! (Não se esqueça: o ser humano e o chimpanzé têm 98,6% do DNA em comum!)

Agora, a memória corporal funciona em todos os níveis que discutimos no início deste capítulo. Mas um aspecto grande e muito importante dessa memória é *físico* (e distinto do psicológico e do energético). Em sânscrito, essa memória física do corpo se chama *runanubandha*. Runanubandha é a memória física que você leva consigo. Ela é o resultado de relações de sangue, como já vimos, mas também, e mais importante, de relações sexuais.

Sempre que há intimidade física, principalmente de natureza sexual, o corpo registra essa lembrança profundamente. Assim, em qualquer sociedade, o arranjo das relações de compromisso se baseia num fundamento de profunda inteligência. A lógica é simples: como ocorre uma significativa troca de memória em qualquer encontro físico, se você misturar a memória do corpo com um excesso de impressões físicas, o sistema fica confuso. E quando seu sistema de memória se torna complicado, organizar a vida pode dar muito mais trabalho.

É importante enfatizar que não há nada errado com o runanubandha. Ele é uma parte essencial da vida. Sem runanubandha entre um casal, por exemplo, a geração futura não poderia se perpetuar. E sem runanubandha entre mãe e filho, a criança não sobreviveria. No entanto, a única questão é como torná-lo uma fonte de apoio, e não de emaranhamento; ou seja, como assegurar que um laço não se transforme em amarra.

Para quem está no caminho espiritual, simplificar o runanubandha se torna ainda mais importante, porque a meta suprema do buscador é transcender a fisicalidade. Quando a pessoa alimenta essa intenção, é sensato manter o corpo como um processo simples, desobstruído do estorvo do excesso de memória. Afinal, só se a memória física se mantiver mínima, o lado espiritual começa a se desdobrar.

São muitas as consequências da memória física. O ato sexual cria o máximo de runanubandha entre as pessoas. Nessa troca, o corpo feminino, por ser mais receptivo, registra a intimidade física de modo muito mais profundo do que o masculino. Quando a mulher gera um filho, grande parte dessa memória é "baixada" para a criança. Isso explica uma ocorrência comum: quando a mulher engravida, o parceiro geralmente se torna uma presença muito menos importante em sua vida. Isso acontece porque uma profunda transferência de memória, em termos de karma genético e físico, está ocorrendo para criar a nova geração. A receptividade anterior ao parceiro é substituída pelo novo papel de transmissora de memória física para os filhos.

As mulheres também notam que, quando engravidam, a intensidade de seus sentimentos pelos pais e por outras pessoas que eram importantíssimas para elas começa a declinar. Em geral, o nível de apego emocional aos outros relacionamentos começa a diminuir. Esse é o sistema da Natureza em ação: se o corpo recordar demais a própria ascendência, não será capaz de abrigar com tanta eficácia a nova criança, que tem um material genético diferente. Se houver memória demais, haverá lutas dentro do corpo.

Como vimos, a expressão sânscrita *kula vedana* (sofrimento coletivo) implica que a memória do clã inteiro percorre você. Seu corpo tende a se comportar de um jeito específico porque é o portador dessas memórias físicas profundas que formam o sofrimento de seu povo, de sua tribo. Se você complicar seu sistema com mais runanubandha, o sofrimento pode ser enorme.

Agora, vamos distinguir a memória da mente da memória do corpo. Quando a mente se depara com a memória, há uma certa quantidade de discernimento envolvida. Mas o corpo recebe a memória sem discernimento. Vejamos o exemplo da comida: a mente consegue discernir se algo é nutritivo, mas o corpo só consegue comer e depois se sentir mal ou ficar nutrido. O mesmo acontece com os relacionamentos físicos. A mente tem alguma medida de discernimento sobre os parceiros, mas o corpo, não. Ele simplesmente recebe.

No entanto, o que o corpo tem, ao contrário da mente, é *a habilidade de perceber*. A mente é capaz de contar, calcular, processar, avaliar, mas não é um instrumento de percepção. A mente simplesmente interpreta o que o corpo percebe. Aguçar a habilidade perceptiva do corpo é todo o propósito do yoga. Quando o seu disco rígido está cheio, você não consegue mais receber nenhuma memória; ele já está saturado de memória. Mas, quando desobstruído, o corpo se torna uma ferramenta fantástica. Se você simplificar e reduzir o volume da memória física através do yoga, o corpo pode se transformar num poderoso instrumento de percepção.

Por exemplo, quando colocam um prato de comida à minha frente, se eu simplesmente puser as mãos acima dele, saberei como a comida se comportará dentro do meu sistema. Dependendo do que preciso fazer naquele dia – seja iniciar um grupo num kriya, seja jogar golfe –, decidirei se vou comê-la ou não. É possível cultivar o corpo de tal forma que sua percepção fique aguçadíssima. No entanto, para desenvolver esse discernimento, o impacto da memória sobre o corpo físico precisa ser mínimo.

Quando escolhem um lugar para a prática, em geral os yogis caminham algum tempo pela área, sentem o espaço e aí escolhem um ponto específico. O corpo deles se tornou tão sensível que é capaz de discernir qual local é adequado para a prática espiritual.

A escolha deles não tem nada a ver com gosto ou aversão. Há um certo impulso na área da Nova Era em falar de energia positiva e negativa de forma um tanto indiscriminada. Muita gente diz que "não gosta da vibração" de uma pessoa ou de um lugar sem entender o que isso significa. Em geral, isso significa que essa pessoa tem gostos e aversões e ainda não os transcendeu. Para o yogi, o discernimento do corpo não tem nada a ver com atração ou repulsa pessoal, desejo ou rechaço, gostos ou aversões. Para o yogi, o corpo é tão clínico e impessoal quanto um barômetro – ele não julga; ele simplesmente percebe.

Assim, de volta à questão dos relacionamentos: isso significa que o relacionamento sério é natural? *Natural* não é a palavra adequada.

Mas podemos aprofundar nosso entendimento do que significa natural. Você pode pensar da seguinte maneira. A natureza age em muitos níveis diferentes. Um dos aspectos da natureza é puramente físico. Se seguir os ditames da natureza física, talvez você queira acasalar com todo mundo. Mas dentro de você também existem outras dimensões da natureza. Se passar para outra dimensão em que a intimidade emocional se torna importante e você se apaixonar loucamente por outra pessoa, não haverá nada de errado com um relacionamento monogâmico.

Se entrar numa dimensão ainda mais profunda, você não vai querer contato com ninguém; simplesmente vai querer ser deixado em paz. Isso acontece porque você experienciou o corpo como um processo de vida completo. Você percebe que não precisa de outro corpo para apoiá-lo. Você não quer perturbar esse processo envolvendo outro corpo. Você quer mantê-lo como está. Assim, há muitos níveis de natureza dentro de você. Tudo depende do nível em que você está vivendo.

É na tentativa de alcançar as dimensões mais profundas da natureza que as tradições ascéticas se desenvolveram no mundo inteiro. A sexualidade é uma grande maneira de aumentar a memória. A razão para as pessoas adotarem o ascetismo não é porque sejam contra o sexo ou antiprazer. É porque não querem acrescentar nenhuma memória nova a seu sistema. O corpo já se lembra de coisas demais. Elas sabem que o velho karma – que já é muito – precisa ser trabalhado. E isso é trabalho para uma vida inteira.

Sem abandonar a memória física, o corpo é repleto de compulsões. A maioria das pessoas está ciente disso. Você pode decidir, com grande determinação, abster-se de determinadas substâncias ou se levantar cedo todas as manhãs. Pode até conseguir por algum tempo, mas só na fase inicial. Sozinha, a determinação mental não consegue erradicar a memória física. É preciso tempo e esforço para resolver o runanubandha e tirá-lo do seu sistema.

Você já pode ver como é difícil. Existem muitos gatilhos. A lembrança do tabaco pode levar o corpo numa direção; o cheiro do álcool, em outra; o aroma da comida, numa direção; a memória da sexualidade, em outra.

No entanto, depois de reduzir todas essas memórias, a vida é muito simples. A partir daí, se quiser apenas sentar-se imóvel, o corpo fará isso com muita facilidade. Agora a vida se desdobra da melhor maneira possível. Com o acúmulo não examinado, o corpo pode se transformar num inferno em vida. Mas, quando esse receptáculo está razoavelmente vazio, quando há uma certa folga no sistema, esse corpo é extraordinariamente receptivo.

SADHANA

Se quiser testar seu próprio nível de runanubandha, tente sentar-se sozinho num móvel desconhecido de um lugar desconhecido. Observe-se com atenção. Até que ponto seu corpo está confortável? Está desconfortável? Parece que quer estar em outro lugar? Talvez você tenha notado que os mais velhos geralmente têm uma poltrona favorita. Em muitas famílias, as pessoas gravitam em torno das mesmas cadeiras à mesa do jantar. Parte disso é uma questão de conveniência ou hábito. Mas é muito comum que seja o runanubandha em ação.

Quanto mais runanubandha cria, mais você pode ter certeza de que está regredindo na escada da evolução espiritual. O karma estabelece um limite para você. Quando esse limite fica confortável demais, está na hora de começar a ficar vigilante. A mesma cadeira ou sala pode lhe dar privacidade física, mas se perceber que está se tornando territorialista ou perturbado por causa dela, como se sua própria identidade dependesse disso, está na hora de começar a reorganizar seu karma.

A razão para muitas tradições espirituais oferecerem mosteiros e ashrams para os buscadores é lhes permitir viver num lugar geográfico circunscrito e livre de runanubandha. Às vezes, isso cria um novo conjunto de fronteiras e territórios, o que é uma pena. Mas a meta é sempre empoderar o buscador para expandir seus horizontes, e não estreitá-los mais. No mundo exterior, o runanubandha dele costuma atraí-lo para um determinado conjunto de pessoas, lugares ou circunstâncias, várias e várias vezes. *Kshetra sanyas*, expressão sânscrita que se refere ao voto de nunca abandonar um determinado espaço geográfico consagrado, era um modo de os buscadores se libertarem dos tentáculos sufocantes da memória física.

◇◇◇

QUATRO

O grande depósito kármico

SUTRA Nº 4

Por mais profundo que seja, tudo que vem da memória equivale a aprisionamento kármico.

Categorias de consequência

No capítulo anterior, examinamos as oito membranas da memória, das quais quatro são coletivas e quatro, individuais.

No entanto, o sistema yóguico agora nos leva mais fundo na exploração do karma individual. Caso você se sinta sobrecarregado pelas classificações a seguir, não desanime. Como leitor, você *não* precisa recordar essas categorias para decodificar o karma. Seria fácil abrir mão dessa classificação para tornar a leitura de um livro sobre karma mais simples e animada. Mas, se a incluo, é para revelar a incrível precisão intelectual e a sofisticação de que os antigos sábios e yogis eram capazes. Mesmo que lesse simplesmente essas categorias sem nenhuma tentativa de lembrá-las, você já teria uma compreensão mais rica e profunda do assunto. O funcionamento do karma é complexo, mas a classificação é simples.

Vejamos as quatro categorias essenciais do karma, ou da consequência.

Por trás de todo indivíduo há um vasto depósito de karma – a soma total de memória acumulada, chamada em sânscrito de *sanchita*. Para nossos propósitos, vamos chamá-lo simplesmente de Karma Acumulado. É como um grande depósito que contém todos os oito tipos de memória: elementar, atômica, evolutiva, genética, kármica individual, sensorial, articulável e inarticulável.

Carregamos conosco o tempo todo esse volume enorme de informações. A quantidade pode variar, mas todo ser humano carrega essa herança kármica fenomenal.

Agora, dentro desse vasto depósito de memória acumulada, há uma dimensão importante chamada Karma Alocado. Este, por sua vez, contém dois aspectos. Vamos chamá-los de Karma Acionável no Presente e Karma Acionável no Futuro.

Vejamos o que esses termos significam.

No vasto depósito de *sanchita*, um segmento de memória amadurece. Ele emerge e vem à frente, exigindo atenção imediata. Esse é seu Karma Alocado. Todo ser humano tem uma determinada alocação de karma na vida, chamada *prarabdha karma* na tradição indiana; é o karma com que você precisa lidar *agora*. O restante continua latente e imaturo no vasto depósito de memória acumulada.

Assim, sua vida atual é uma certa alocação de karma – uma quantidade distinta de memória – que vai se desenrolando. A natureza dessa alocação varia de pessoa para pessoa. Em cada uma, a energia da vida funciona de um jeito diferente. Cada pessoa tem um percentual diferente de energia dedicado à atividade física; um percentual para atividade intelectual; um percentual para atividade emocional; um percentual para atividade energética; e um percentual para capacidade de meditatividade, ou quietude interior.

Na verdade, a natureza da alocação de cada um é visível já em tenra idade. Os pais podem vê-la claramente em dois filhos. Um pode ter uma certa propensão à atividade física, enquanto o outro pode ser mais quieto. Às vezes essas diferenças são visíveis de forma sutil até em recém-nascidos na maternidade! Mais tarde, é claro, as diferenças aumentam devido ao tipo de ambiente em que a criança cresce – a comida que come, o tipo de atitude que desenvolve. Mas as diferenças muito precoces são determinadas pela natureza do Karma Alocado de cada criança.

Agora, todo processo espiritual, em essência, consiste em penetrar fundo no depósito de Karma Acumulado. Os praticantes espirituais são pessoas apressadas. Eles querem desenterrar o máximo possível e resolvê-lo, em vez de esperar que cada alocação amadureça em seu próprio tempo. É por isso que uma parte tão grande do processo espiritual é voltada à ação. Os buscadores espirituais querem lidar com dez vidas de karma numa vida só se puderem. A jornada espiritual também os ensina a evitar o acúmulo de karma novo e a limitar as consequências de seu Karma Alocado. Dessa maneira, eles lidam com grandes volumes kármicos em grande velocidade.

Como se sente quem esvaziou seu Karma Alocado? Em geral, a vida fica mais relaxada, menos reativa, menos compulsiva. Gostos e aversões fortes, sejam em relação a pessoas, lugares, comida, trabalho ou política, começam a enfraquecer; as zonas de conforto se tornam menos importantes. A princípio, você pode achar que quer desacelerar e viver com tranquilidade. Depois, escolherá voltar a se envolver com o mundo, mas dessa vez de um modo maravilhosamente consciente. A partir daí sua vida será repleta de opções.

Chegamos a outro aspecto do Karma Alocado. É o Karma Acionável no Presente (*kriyamana karma*), ou karma que impele à ação exterior. Não podemos resistir ao seu poder. Há muitos impulsos e propensões num ser humano, mas nem todos nos impulsionam à ação exterior. No entanto, todo indivíduo carrega consigo outro tipo de karma sobre o qual *é necessário* atuar externamente. O restante pode ser tratado internamente. O modo como você lida com seu Karma Acionável externamente no Presente é importante porque cria consequências para o futuro.

Quando algum gatilho impele à ação, a consciência com que você realiza essa ação se torna importante. Se a fizer de maneira inconsciente, essa inconsciência gerará uma quantidade enorme de karma. É assim que o karma se perpetua.

Vejamos a população humana como exemplo. No momento em que duas pessoas agem, temos consequências. Um homem e uma mulher se encontram e podem gerar um filho. Esse é um exemplo físico simples de como as ações geram consequências. Mas as consequências podem ter muitos níveis em termos de pensamento, emoção, ideia, opinião e ação.

É aí que a ideia do karma bom se torna importante. Você pode alterar seu futuro simplesmente realizando o tipo certo de ação no presente. Você pode transformar seu futuro sem nenhum processo espiritual, sem nenhuma elevação da consciência. Quando realiza as ações certas hoje, um futuro positivo está assegurado.

Mas, ao se tornar meditativo, você dá um passo além. Todas as tradições espirituais incentivam as pessoas a meditar por essa razão. Quando se torna meditativo, você não cria karma positivo simplesmente, *você para completamente de gerar karma.* Em todas as tradições espirituais, tornar-se um asceta significa exatamente isto: você para de gerar consequências kármicas.

Deixe-me oferecer um exemplo pessoal. Como guru, quando estou conduzindo um programa espiritual, entro num modo específico. Se eu abraçar todos diante de mim com lágrimas de alegria e inclusão, isso não gerará nenhuma consequência kármica. Se, porém, fizer a mesma coisa só com uma pessoa que conheço bem, o mesmo abraço criará consequências. Isso porque o abraço inclusivo não tem *nenhuma substância kármica*. É uma ação absolutamente consciente.

É por isso que, num programa, nunca me concentro nos rostos que conheço bem. Se escolher olhar nos olhos de alguém, sempre escolho um rosto totalmente desconhecido. Assim que se concentra em alguém que você conhece e fala com essa pessoa, isso pode se transformar num processo de emaranhamento. E isso geraria consequências para a pessoa, para mim e para a situação como um todo.

No entanto, quando estou desenvolvendo um projeto, é claro que falo com grupos de pessoas íntimas. Sei que isso não vai gerar nenhuma consequência de emaranhamento para elas, porque o que estamos desenvolvendo não tem a ver com elas nem comigo, mas com uma visão mais ampla. Não há emaranhamento porque é um envolvimento inclusivo. Não há nada de seletivo nele.

Veja da seguinte maneira: quando vêm da memória, quase com certeza suas ações gerarão karma. Portanto, sempre dizemos que todas as ações humanas só podem ser de dois tipos: as que destroem karma (*karma-nashana*) e as que geram karma (*karma-vriddhi*). Como guru, meu serviço é transmitir as tecnologias que estimulam as primeiras.

Assim, o modo como você lida com seu Karma Acionável no Presente é importantíssimo. Se não estiver consciente dele, você poderá pensar que está sendo uma pessoa espiritualizada, quando estará simplesmente se envolvendo ainda mais no emaranhamento.

Na terminologia dos dias de hoje, é possível ver a mente inconsciente como Karma Acumulado (*sanchita*); a mente subconsciente como Karma Alocado (*prarabdha*); e a mente consciente como Karma Acionável no Presente (*kriyamana*). Isso não é inteiramente exato, mas, em termos mais amplos, é um modo útil de entender as diferenças.

Agora chegamos ao outro aspecto do Karma Alocado. É o Karma Acionável no Futuro (*agami karma*). Sua ação inconsciente hoje (em termos de pensamento, emoção ou ação) causará consequências que vão impelir suas ações amanhã ou daqui a um ano – ou, dirão alguns, até daqui a uma vida inteira. Em outras palavras, não importa o que faça, a vida o levará a um ponto em que você *terá* que agir.

Se você pegar dinheiro emprestado no banco, por exemplo, ou fizer uma hipoteca, seu karma de amanhã será determinado pela ação de hoje. Do mesmo modo, ao ter um filho você se compromete com um projeto de pelo menos vinte anos. É preciso pensar no sustento da criança, em mandá-la para a escola, colocá-la na faculdade, assegurar-se de que ela possa andar com as próprias pernas. O que você faz ou deixa de fazer amanhã não é decidido por capricho. Uma simples ação gera consequências enormes.

O Karma Acionável no Futuro é que perpetua os ciclos humanos de ação compulsiva, levando ao que a tradição espiritual indiana vê como ciclos de nascimento e morte. Ele impele os seres humanos a voltar ao estado corporificado várias e várias vezes para resolver sua herança kármica.

Se você acha problemática a ideia de vidas futuras, não se deixe distrair por isso neste estágio. Ela não é essencial para o entendimento do karma. Para o verdadeiro yogi, *só existe uma vida*. Ontem você pode ter se vestido de um jeito, hoje você pode se vestir de outro! A vida, contudo, permanece inalterada.

Se lidar *conscientemente* com seu Karma Acionável no Presente, você não vai gerar nenhum Karma compulsivo Acionável no Futuro. Esse é o segredo para lidar com a memória. Permita-me reforçar aqui que não há nada errado em empréstimos bancários, hipotecas e famílias. Na verdade, quanto mais complexa é sua memória kármica, mais variada e interessante se torna a sua vida. Mas a meta é curtir o processo da vida, não ficar aprisionado nele. Daí a importância de eliminar todos os tipos de karma *inconsciente*. Você não vai querer acumular nenhum karma que o obrigue a agir compulsivamente no futuro.

Para continuar com a analogia anterior, quando conduzo um programa, abraço todo mundo de forma inclusiva e sem escolha. Não escolho favorecer um ou outro. Se eu fosse seletivo, a transmissão espiritual não seria tão eficaz. É a ausência de escolha em minha ação que a torna impactante.

A armadilha kármica está sempre *na escolha*. A escolha é a grande dádiva humana; a liberdade é a grande possibilidade humana. No entanto, em vez de escolher de forma inclusiva, a maioria dos seres humanos escolhe de maneira seletiva. Grande parte das pessoas escolhe com base em gostos e aversões compulsivos, com base em atração e repulsão. Mas, quando seu envolvimento é *absoluto* – ou seja, inclusivo –, você não age com base na memória do passado. Isso significa que não há compulsão, consequência, emaranhamento, escolha, amigo ou inimigo. Quando exerce o Karma Acionável no Presente dessa maneira, você não gera nenhum Karma Acionável no Futuro.

Por outro lado, quando escolhe se envolver seletivamente com base na *memória do passado*, a consequência vive com você. Você gera mais memória, seja física, seja emocional, seja intelectual. E assim está criando karma que o impelirá a se meter em situações nas quais terá de agir no futuro.

Quando entende como funciona o mecanismo kármico, você compreende a diferença básica entre *envolvimento* e *emaranhamento*. A maioria das pessoas não percebe que é possível se envolver completamente sem estar emaranhado.

Por exemplo, se encontro um desconhecido ou um amigo, minha interioridade permanece a mesma. Meu envolvimento é total. Posso me comunicar e agir de modo diferente, mas por dentro permaneço o mesmo. Meu modo de ser permanece inalterado, embora o que eu faça ou diga seja pertinente à situação e à pessoa. Isso não gera karma.

Quando o envolvimento é seletivo, você cai na armadilha do emaranhamento. Eis o problema central: o envolvimento seletivo causa sofrimento e karma; o desapego leva à inércia e à apatia.

Mas o envolvimento não precisa se basear na memória. Ele pode ser consciente. Para a maioria das pessoas, o envolvimento brota da memória e é compulsivo. Quando a memória entra em cena, a ação se torna escravizadora. No entanto, sem memória, você pode agir conscientemente. Quando é intocada por impressões do passado, a sua ação é libertadora.

Passando do ser ao fazer e ao ter

A equação humana deveria ser sempre assim: passar do *ser ao fazer e ao ter*. Isso significa que a intenção nunca foi que precisássemos agir *para encontrar realização*. A realização era vista como uma condição interior. Ela não podia ser buscada externamente. Agimos para *expressar nossa realização, não para alcançá-la*. Agimos para *celebrar nossa plenitude interna, não para buscá-la*.

No entanto, para a maioria das pessoas essa simples equação está invertida.

A maioria delas *faz* para *ser*. Elas agem porque se sentem incompletas. A ação é provocada pelo desejo de adquirir algo ou de aprimorar a identidade delas de algum modo. É o antigo impulso do caçador-coletor, que ainda perdura nos seres humanos. É a necessidade de agir para *acumular* – seja satisfação física, emocional ou intelectual. É ação impelida pelo desejo de ser maior, de se tornar mais do que se é. As pessoas *agem* para *ter*; elas *têm* para *ser*.

Isso é trágico.

A maioria já determinou o que quer ter. Portanto, seu fazer invariavelmente tem o intuito de adquirir alguma coisa. Alguém quer alcançar a fama, e para isso pode atuar no cinema ou escrever um livro, por exemplo. Sua identidade agora é ser astro de cinema ou escritor. A pessoa se identifica com esse rótulo – que agora determina seu ser. Do mesmo modo, outro alguém quer adquirir a condição de desportista, político ou empresário. As pessoas chegam a se intitular golfistas. Jogo golfe, escrevo livros e ando de moto, mas não sou golfista, escritor nem motociclista!

Não estou *fazendo* para adquirir uma identidade. O modo como sou permanece intocado pelo que faço. Não sou yogi porque ensino yoga. Não é minha atividade que faz de mim um yogi. É meu ser que faz de mim um yogi. *"Yogi" é uma descrição da minha condição interior, não da minha atividade.*

Quando você vive assim, sutilmente transmite aos outros quem você é. A fragrância de quem você é sempre é transmitida. As pessoas sentem que ajo a partir desse lugar de liberdade interior, mesmo que não entendam como isso funciona. Pessoas muito novas vêm a mim e me tratam como contemporâneo delas ou mesmo como amigo íntimo. Elas me chamam de Sadhguru, mas não é um termo de reverência distante; é de familiaridade, de afeto.

Agora, se minhas palestras fossem citações de uma escritura, essa amizade e esse afeto seriam impossíveis. Escritura significa memória; memória significa hierarquia. Essa hierarquia transforma uma coisa em sagrada, outra em imunda. O que consideramos sagrado se torna uma autoridade; o que vem da autoridade se torna nossa verdade. E esse tipo de verdade nos deixa paradoxalmente incapazes de experienciar a verdade real! Chegamos a um ponto hoje em que autoridade se tornou a verdade. Mas, assim que nos voltamos para dentro, percebemos que a verdade é a única autoridade!

Por mais profundo que seja, tudo o que vem da memória equivale a aprisionamento kármico. *Não falo a partir de um lugar de karma, portanto não gero karma.* É simples assim. O que digo vem da experiência interior, de um estado de *saber*, não de conhecimento previamente adquirido. Essa é *chitta*, a inteligência sem conteúdo.

A única coisa que ao mesmo tempo desperta sofrimento e apreço nos seres humanos é a memória. Você tenta adquirir e cristalizar a memória para adquirir uma identidade; portanto, tenta fazer para ser. Mas nem sua identidade nem sua memória em essência têm a ver com *você*.

Pense nisso.

Quando se senta num café e toma um cappuccino, você aprecia apenas aqueles quatro dólares de café. Se tem 10 bilhões de dólares no banco ou não é um fato irrelevante. O dinheiro só existe na sua memória. Carregar o dinheiro na memória por aí significa que você é uma criatura do passado. Se você basear o seu futuro no seu passado, poderia muito bem estar morto!

E por isso os rostos em torno de nós estão ficando sérios como túmulos. Afinal, a morada do passado é o túmulo! E o karma é isto também: um habitat do passado. Seu Karma Acionável no Futuro assegura que seu futuro seja exatamente como seu passado. Quando nada de novo lhe acontece, está na hora de Descansar em Paz!

As causas do desconforto e da doença

Na maioria dos seres humanos, o Karma Alocado tem seu próprio nível de complexidade. Grande parte dele é dedicada à ação física. Outros segmentos são dedicados ao pensamento, à emoção e à meditatividade. O problema da vida moderna é que a energia física e emocional da maioria não encontra expressão plena ao longo de uma vida inteira.

As pessoas da sociedade civilizada carregam dentro de si grande quantidade de emoção não expressa. Agora, se as emoções nunca encontrarem expressão plena, a energia pode se voltar contra a pessoa e se tornar profundamente prejudicial à saúde e ao bem-estar dela. Isso explica o aumento nos casos de depressão e transtorno mental no mundo inteiro. Dizem que um em cada cinco americanos sofre de algum tipo de doença psicológica todos os anos, e que 50% sofrerão de um problema mental em algum momento da vida. Uma estatística estarrecedora!

O problema é que a sociedade civilizada vê a expressão desinibida da emoção como sinal de fraqueza ou falta de sofisticação. A supressão pode criar um estrago indescritível no sistema humano. Eu diria que 90% das pessoas do mundo nunca encontram expressão plena de suas emoções. Elas têm medo do amor, da alegria, da tristeza, de tudo. Rir alto é um problema: é considerado pouco educado e inadequado. Chorar alto é um problema: é considerado não refinado e indecoroso. Estabelecemos para nós uma cultura profundamente restritiva.

Agora, a maior parte de nosso Karma Alocado é dedicado à atividade física. Ainda hoje, o corpo continua a ser a maior fonte de identificação para a maioria das pessoas. Assim, embora a proporção varie de indivíduo para indivíduo, 95% das vezes o Karma Alocado se volta para a ação externa.

No entanto, o nível de atividade da vida moderna se reduziu drasticamente, porque as pessoas não usam o corpo como antigamente. Ao permanecer dormente no sistema, essa energia não usada pode facilmente causar doenças. A mente moderna passa por um tipo peculiar de neurose por essa razão. Quando se envolve intensamente na atividade física, você gasta muita energia nervosa. Mas, agora que os seres humanos se tornaram muito sedentários, quase todos sofrem de algum tipo de ansiedade ou desconforto. Isso acontece simplesmente por causa da energia física represada. Em comparação, você descobrirá que quem se dedica a alguma forma de exercício físico intenso em geral tem um nível diferente de paz e equilíbrio e está muito menos emaranhado com a sexualidade e outros impulsos físicos. Isso acontece porque um dos aspectos da pessoa encontrou plena expressão.

Uma consequência da falta de atividade é a doença. A energia represada também pode causar inquietação e agitação física, o que explica o estado de desconforto e desassossego crônico que atormenta o indivíduo moderno. Você vai notar que o próprio modo de se sentar e se levantar revela uma ausência de sossego. Elas podem ter uma graciosidade treinada em seus movimentos. Mas o desconforto permanece. Se você tirar o desconforto do seu movimento, ele se volta para dentro, para outra dimensão, em que é fácil encontrar expressão. Em outras palavras, ele se incorporará à sua energia. Com o tempo, esse desassossego no nível da energia se manifesta como doença.

No Centro de Yoga Isha, muitos buscadores são colocados em estados de atividade tão intensos que é possível alguém perguntar por que os que estão no caminho espiritual trabalham 20 horas por dia. Na visão popular, a espiritualidade significa ficar quase cochilando embaixo de uma árvore! Isso está longe da verdade. O trabalho físico intenso no Isha é parte integrante da jornada espiritual. Quero que essas pessoas acabem com todo o seu Karma Alocado em determinado período. É impossível realizar atividade física sem envolver pensamento, emoção e energia. É claro que a mesma atividade pode ser realizada com níveis diferentes de envolvimento. Os que só trabalham para viver geralmente se sentem coagidos e sufocados. Mas, quando está profundamente envolvido com seu trabalho em todos os níveis, você verá que a atividade é revigorante e não o deixa exaurido.

Depois de gastar esse karma, não haverá necessidade de ação compulsiva. Depois disso, a ação será uma escolha. Quando o Karma Alocado já foi resolvido, você pode pedir a alguém que simplesmente fique sentado imóvel, e não haverá luta. O corpo obedecerá sem esforço.

Nos programas de nível mais alto do Isha, colocamos as pessoas num ritmo muito intenso de atividade física para que, depois, consigam se sentar sem se mexer. Aí a meditação acontece naturalmente. Quando a energia alocada para a atividade física permanece sem uso no sistema, você não consegue meditar, porque a energia o deixará inquieto e doente com facilidade.

Sem dúvida a doença envolve outros aspectos. Os fatores ambientais, assim como as razões kármicas – dos fatores genéticos às razões kármicas pessoais –, têm seu papel para explicar por que a energia funciona de determinado modo e causa doenças. No entanto, muita gente está doente porque não lida com seu Karma Alocado de maneira sensata.

Um aspecto da energia consideravelmente mais usado no mundo de hoje é a energia mental. No entanto, o uso excessivo da energia mental leva ao desenvolvimento desigual e ao surgimento invariável da doença. Considere o orçamento de um país: certa quantia é alocada para a educação; outra, para a indústria; determinado percentual para agricultura, construção civil, defesa, etc. Mas, se tudo isso não for gasto, a economia sofre. O mesmo acontece dentro do corpo.

Em geral, quem levou uma vida completa alcança um certo estado natural de paz e equilíbrio quando envelhece. À medida que o Karma Alocado começa a diminuir, é possível encontrar mudanças nos idosos. Talvez sua cota de sono se reduza e, quando dormem, você veja que dormem mais profundamente. Esse pode ser um sinal de que o Karma Alocado está chegando ao fim. O grande depósito kármico permanece, mas uma parcela dele já começou a chegar ao fim.

Um alerta: o sono profundo não significa necessariamente o fim do Karma Alocado, mas, em idosos, pode ser *um* dos indicativos possíveis. Quando uma parcela do karma acaba, o torvelinho interior regride e surge então uma nova serenidade e um novo equilíbrio.

Alguns praticantes experientes podem ir além de seu Karma Alocado. Isso pode lhes dar uma certa aura de paz. Mas eles ainda não transcenderam o Karma Acumulado. Eles passaram da loja de varejo para o depósito. Mas ainda têm muito karma em estoque.

Para o buscador espiritual, o Karma Alocado pode ser considerado a nata na superfície do leite. É o karma que aflorou nesta vida. Se você ferver bem o leite, a nata pode aumentar mais. Portanto, o processo espiritual é um modo de se ferver o suficiente para tirar o máximo possível de karma de seu depósito nesta vida e lidar com ele enquanto está consciente e em boa forma física.

A meta de todo buscador da liberdade é a mesma: cuidar de seu karma *agora* em vez de esperar que a vida o jogue em cima de você.

SADHANA

Se estiver passando por uma fase de profundo estresse emocional, uma prática simples é permanecer o maior tempo possível numa postura em que sua coluna fique ereta. A região lombar, principalmente, precisa estar relaxada e alongada para ativar a coluna. Se conseguir ficar um bom tempo de cócoras, será especialmente benéfico, porque a extensão da coluna tem um impacto profundo sobre o bem-estar psicológico.

Acontecerá um aumento natural de energia se você mantiver os pés juntos ao se agachar. Mas pouca gente consegue isso. Assim, a segunda melhor opção é aumentar a distância entre os pés enquanto se agacha, mantendo os pés alinhados com os ombros. Certifique-se de que seus pés estão plantados bem firmes no chão.

Isso não é apenas um exercício. A coluna não é uma mera coleção de ossos. Ela é a própria base de comunicação e percepção dentro do sistema humano. Mantê-la em condições ideais, além de revitalizar e rejuvenescer o corpo, fará uma diferença fenomenal em sua vida mental e emocional e no modo como você age.

Há uma prática mais abrangente em sete passos chamada Yoga Namaskar, oferecida gratuitamente no aplicativo Sadhguru (isha.sadhguru.org/app). É um processo poderoso para ativar e fortalecer a coluna e os músculos ao longo dela para que, com a idade, o sistema espinhal não entre em colapso e os nervos não sejam pinçados. Se já houver lesão na coluna, esse é um bom modo de regenerá-la e garantir benefícios completos no corpo inteiro. Essa também é uma abordagem mais científica para desbloquear impasses emocionais no sistema humano e promover o que chamamos de *chitta vritti nirodha* – a liberação da consciência de flutuações e gargalos.

◇◇◇

CINCO

Como tudo começou?

SUTRA Nº 5

A inteligência pura cria a memória a partir de si mesma; o restante da criação projeta a memória como inteligência.

A inteligência inventa a memória

Como esse carrossel incessante começou? Como entramos nesse estado de servidão a um ciclo de memória que não nos lembramos de ter iniciado? O que o iniciou para começo de conversa?

Aconteceu.

Certo dia, o inspetor de uma fábrica da Rússia chamou um operário específico e lhe perguntou:

– Se tomasse uma dose de vodca, você acha que ainda conseguiria trabalhar?

O operário coçou a cabeça.

– Acho que sim.

Então o inspetor perguntou:

– Se tomasse uma dose dupla de vodca, ainda conseguiria trabalhar?

O operário pensou e deu de ombros.

– Acho que sim – respondeu.

O inspetor insistiu:

– E se tomasse cinco doses de vodca, ainda conseguiria trabalhar?

O operário respondeu:

– Ora, eu estou aqui, não estou?

Isso é karma.

Você tomou um milhão de doses de vodca! Agora, são só seus antepassados vivendo por meio de você, repetindo o mesmo velho teatro da vida – com as mesmas deixas, os mesmos gatilhos, as mesmas reações – várias e várias vezes. Onde está você nisso tudo?

Você está tão debilitado pelo karma quanto quem bebesse cinco doses de vodca. Nesse estado, quanto maior o nível de atividade exigido de você, maior o sofrimento. Mesmo que essa atividade traga sucesso social e financeiro, haverá sofrimento. Por quê? Porque você estará dirigindo alcoolizado!

Qual o sentido dessa repetição? – você poderá perguntar. Para o ser humano em busca da liberdade, essa é uma pergunta natural. Se quiser se libertar da influência externa, se não quiser que seu bisavô há muito falecido ou sua mãe continuem a incomodá-lo depois que se forem, você talvez queira saber como sair desse ciclo.

Isso nos leva às perguntas inevitáveis: Por que karma? Quem começou esse ciclo? Qual é a origem da memória? Qual é sua fonte? Como todo esse drama começou?

Os muitos mitos de criação do mundo tentaram abordar essa questão de várias maneiras. A história yogi da criação é uma verdade científica expressa com imagens extremamente poéticas.

Ela nos conta que tudo começou com um reino de vazio infinito. É uma dimensão completamente sem memória. É inteligência pura. Não tem forma, não tem formato, não tem tamanho, não tem cor. Na verdade, é o nada. Mas existe. Chama-se *shi-va* – aquilo que não é. Essa é a própria base da criação.

Agora, o próprio nascimento da forma – ainda que seja uma onda ou só uma partícula – necessita de memória. Você não surgiu do nada. É do molde de seus pais que você foi criado. Isso significa que a memória ou karma é um pré-requisito da forma.

Então, como a primeira forma aconteceu? Como ela se materializou sem memória?

A cultura yóguica pega um determinado conceito, o personifica, lhe infunde drama e o transforma em histórias. Isso lhe permite falar de dimensões que estão além do terreno da lógica. Assim, personifica-se o vazio infinito. Transforma Shi-va – "aquilo que não é" – em Shiva, o ser divino que é a fonte de toda a criação. E assim a história começa.

Aconteceu.

Shiva, o Senhor da criação, estava deitado em seu estado nascente, desprovido de qualquer karma. Então, um elemento de dinamismo entrou nesse vazio. Era Shakti, o aspecto ativo do vazio.

Ela se aproximou de Shiva e começou a brincar com ele. A imaginação humana vê o primeiro karma como um ato sexual. E assim, quando ela o excitou, ele acordou com um grande rugido. Então ele assumiu a forma de um *linga* – uma forma elipsoide primordial. Essa, nos diz a tradição yóguica, foi a primeira forma de toda a criação. E, com aquele ato sexual, conta-se que toda a criação começou. O ato sexual primordial entre Shiva e Shakti inflamou o vazio, transformando-o num estado dinâmico de criação, manutenção e destruição.

Assim surgiu o grande teatro do cosmo: tempo e espaço, nome e forma, nascimento e morte.

Aos poucos, a forma começou a perpetuar mais forma. A memória começou a gerar mais memória. O ciclo kármico foi posto em movimento.

Alguns físicos que conheci concordam que o Big Bang que deu início ao universo pode ter sido uma série de explosões. Num automóvel, se você tirar o coletor e ligar o motor, o barulho vai soar como uma saraivada de estrondos. Mas, se acelerar, o motor ruge. Assim, uma série de explosões em rápida sucessão realmente se torna um rugido. Desse modo, o Big Bang da ciência moderna e o Grande Rugido da tradição yóguica não são tão diferentes assim! Os físicos também dizem que a primeira forma da criação foi elipsoide, reforçando o ponto de vista que sempre considerou o *linga* sagrado.

O interessante é que experimentos científicos de hoje mostram que, se você criar um padrão de energia do lado de fora de uma câmara em estado de vácuo, prótons e nêutrons virtuais começarão a aparecer. Em termos simples, isso significa que algo estará tomando forma a partir do nada.

Agora, para o nascimento da forma, como dissemos, a memória é um pré-requisito. É só por causa da memória elementar, atômica e evolutiva que a serpente é diferente da árvore, por exemplo. Assim, para produzir a primeira forma, *a inteligência inventa a memória.* Isso significa que o primeiro ato da criação marca o nascimento da memória, do karma.

Não surpreende que, como deidade, seja considerado que Shiva não tem pais, ancestrais ou passado. Ele é chamado de *swayambhu*, o autocriado. Eis uma grande diferença entre a fonte da criação e o restante da criação: *a fonte da criação é inteligência pura que cria memória a partir de si mesma; o restante da criação projeta a memória como inteligência.* Essa é uma diferença enorme com muitas consequências.

Outro mito da criação, o de Adão e Eva, também sugere que o nascimento do conhecimento baseado na memória é o começo da Queda. É pelo conhecimento que Adão e Eva caem do Paraíso. É com o conhecimento, pode-se dizer, que começa a armadilha. Agora os seres humanos passam da inteligência imaculada à memória que projeta a si mesma como inteligência. Eles viajaram da inteligência ao intelecto, da consciência à autoconsciência.

O que chamamos de conhecimento se refere à memória cristalizada e acumulada. O saber, por outro lado, é um processo dinâmico; é sabedoria viva, não informação morta. Em vez de se ocupar da raiz, Adão e Eva se fascinaram pelo fruto. Em vez de nutrir a árvore da vida, começaram a se fixar na suculência do produto final. Começaram a escolher o produto em vez do processo, o destino em vez da jornada, o karma em vez do yoga, o conhecimento em vez do saber. Ficaram tão seduzidos pelas consequências de seus atos que começaram a ver a vida como um meio para atingir um fim.

Esse é um jeito tristemente reducionista de levar a vida. Afinal, quando busca congelar, agarrar ou manipular a grande cascata estrondosa da vida, você precisa se colocar separado dela. *No momento em que se coloca à parte, você cria divisões: entre raiz, caule e fruto; entre passado, presente e futuro.* Agora você tem o nascimento do tempo. Com isso, o aprisionamento começa.

No Oriente, veríamos a Queda como o nascimento dos ciclos, o início do karma. Chamamos esses ciclos repetitivos de *samsara*. O nascimento da memória é o começo da forma, dos ciclos de nascimento e morte. Ainda assim, no Oriente não vemos isso como bom nem mau. Simplesmente é o modo como as coisas são quando observadas de um ponto de vista limitado.

Quando o tempo cíclico nasce, a memória se torna importante. O modo como o próton, o nêutron e o elétron se comportam no átomo de hidrogênio não é igual ao modo como se comportam no átomo de oxigênio. À medida que a memória atômica se torna cada vez mais complexa, surgem mais nomes para todas essas construções atômicas, mas, na realidade, elas são apenas comportamentos diferentes das mesmas partículas. Da partícula ao átomo, da molécula à ameba, do peixe ao ser humano, as diferenças são muitas, mas, em essência, esse processo significa um aumento na complexidade da memória.

Olhe a diversidade absolutamente estarrecedora da criação, toda ela possibilitada pela capacidade de uma inteligência primordial de criar memória!

Inteligência autêntica *versus* inteligência artificial

Com 13 anos, vi uma calculadora pela primeira vez e fiquei ofendidíssimo. Eu me perguntei por que estava sendo torturado nas aulas de matemática quando tudo que o professor precisava fazer era consultar uma máquina para saber a resposta! Sonhava com o dia em que haveria uma máquina para as aulas de ciências e para as outras também.

No mundo de hoje, os que têm uma ótima memória são considerados inteligentes. Passam com facilidade nas provas, frequentemente recebem as melhores notas, fazem doutorado e se tornam estudiosos de renome. Tudo isso, muito simplesmente, porque se lembram do que estudam e são eficientes em seu processamento.

Nas tradições yóguicas, apenas se tocar *chitta* – a dimensão da inteligência intocada por um pinguinho de memória que seja –, você será considerado iluminado. Até lá, você pode até ser culto, pode ser estudioso, pode saber muito sobre a criação, mas não saberá nada sobre a *fonte* da criação. Não saberá nada sobre a dimensão da inteligência além do âmbito de seu karma pessoal.

Tradicionalmente, no subcontinente indiano, a sabedoria foi mais valorizada do que o conhecimento. Sem dúvida, a memória humana era valorizada, e os que conseguiam recitar os Vedas de trás para a frente eram considerados grandes estudiosos. No entanto, o pensamento nunca recebeu a suprema importância, porque era visto como produto da memória, do intelecto. Por isso, o guru era considerado mais importante do que o estudioso. Educação, filiação e linhagem tinham uma importância social, mas nunca existencial. O que era valorizado era essa profunda inteligência inata, a capacidade de perceber a existência como ela é, e não como pensamos que é ou que deveria ser.

Nas próximas décadas, o aprimoramento da inteligência artificial mudará radicalmente o modo como encaramos o conceito de inteligência. Nossas ideias sobre a educação serão fundamentalmente alteradas. Se você procura ferramentas de autotransformação, o sistema educacional baseado na memória não lhe será muito útil. O intelecto, que se baseia na memória, é uma ferramenta maravilhosa. No entanto, *ele só pode informar; não pode transformar.*

Numa era de inteligência artificial, só os que são capazes de exercitar a inteligência além da memória terão algo verdadeiramente valioso com que contribuir. A diferença fundamental entre o ser humano e a máquina é a percepção. A percepção é algo que a máquina nunca terá. A máquina será capaz de acumular dados, analisar e agir (que são funções do intelecto), mas pouco além disso.

O ser humano é uma máquina orgânica, mas mesmo assim uma

máquina. Se quisermos nos distinguir de outras máquinas de modo significativo, e não reproduzir meramente suas funções, precisamos dar poder à nossa capacidade de perceber. Para isso, precisamos recuperar o acesso àquela inteligência desimpedida e livre de preconceitos – em sânscrito, chamada *chitta* –, que é a base de nossa vida.

O que é *chitta*? É o nível mais profundo da mente. É tomada de consciência, vivacidade, uma inteligência profunda que está além do intelecto, além da memória, além do julgamento, além do karma, além de todas as divisões. É a inteligência da própria existência, *a mente viva do cosmo*. Na tradição yóguica, diz-se que, quando se distancia das compulsões de seu software kármico e das identificações do intelecto, você entra em contato com essa consciência límpida. E só quando acessamos *chitta* a autotransformação é possível.

É por isso que, como guru, nunca abençoo as pessoas com o desejo de que seus sonhos se realizem. Como os sonhos se baseiam simplesmente na memória, você só pode sonhar com uma versão mais ampliada e aprimorada do que já conhece! Se seus sonhos se realizarem, não haverá nada de muito especial nisso. Meu desejo é que seus sonhos se *estilhacem*. Só então algo maior do que a memória se manifestará na sua vida.

Que algo que você nunca poderia sonhar lhe aconteça.

Karma é palavrão?

Já examinamos como o karma começou. A Segunda Parte deste livro examinará como ele pode acabar.

Mas a questão fundamental que precisamos responder é: queremos *mesmo* que ele acabe?

A memória é um fardo? O karma é um obstáculo? O samsara é uma maldição? A vida é um sofrimento sem fim?

De jeito nenhum.

Vou afirmar de forma inequívoca: karma *não* é palavrão.

Com o tempo, algumas linhas religiosas começaram a ver o ser humano como inerentemente impuro, sujo ou pecaminoso. Elas veem a vida humana como uma maldição, não uma bênção, uma condição da qual é preciso ser curado, salvo ou resgatado.

Embora a liberdade seja uma aspiração louvável, nunca nos esqueçamos: *o karma é a base da vida humana*. É o karma que dá solidez e estabilidade à sua forma física e à sua estrutura psicológica. Ele constitui o alicerce da vida. Sem esse alicerce, não haveria possibilidade de transcendência. Você, seu corpo e sua mente só estão unidos por causa do processo kármico. Sem karma, nem seu corpo nem sua mente existiriam. Não haveria "você" como você se entende!

Portanto, na verdade o karma é uma possibilidade tremenda.

A todo momento, impressões inundam seu sistema em torrentes que entram pelos cinco órgãos dos sentidos, e toda impressão é registrada. Não há nada de errado nisso. Essas informações armazenadas são muito úteis para a sua sobrevivência. Se apagasse todas elas, você não saberia lidar nem com os aspectos mais simples da vida. O karma é a cola que faz você grudar nesse mecanismo corpo-mente. Se lavasse e se livrasse de todo o karma, você sairia do seu corpo no mesmo instante!

Seu software não é o problema. Ele só se torna um problema quando vira o fator dominante de sua vida. O karma é apenas algo que você mesmo criou. Não é virtuoso nem perverso, bom nem mau. É porque você olha pelo prisma - ou preconceito - da memória que algo lhe parece maravilhoso e algo lhe parece horrível. O karma é a base da sua individualidade, mas também é a base dos seus preconceitos.

O problema da memória kármica é que *ela grudou em você*. Se tudo que passar grudar no espelho, esse espelho não é bom. Seu espelho não pode mais mostrar a vida como ela é. Agora sua percepção está gravemente obscurecida. Agora o karma se torna uma limitação.

É claro que há muito a comemorar sobre a memória. A memória nos torna únicos. A memória torna cada indivíduo exuberantemente singular. Ela é responsável pela biodiversidade e pela variedade cultural que hoje vemos em torno de nós. É a memória que faz do mundo um lugar interessantíssimo para se viver. É inegável que a memória seja um privilégio. Um privilégio enorme.

O empecilho é que a memória não é apenas uma cola. Ela também é um *limite*. Ela nos dá forma e definição, mas, com o tempo, essa mesma forma se torna uma limitação, e a definição se torna um muro. Aos poucos, você vai sendo restringido pelas mesmas definições que busca adquirir. Você comemora com alegria essas definições – talvez de família, clã, tribo, classe, gênero, religião, cultura, linguagem –, mas, ao longo do tempo, essas definições endurecem e se tornam marcadores rígidos de identidade. Antes de se dar conta, você montou sua própria prisão. Seja a grade de ferro, seja de ouro, uma jaula ainda é uma jaula.

A tragédia é que você está aprisionado por muros *que você mesmo construiu*. São muros e grades que você erigiu inconscientemente e que agora não lhe permitem escapar. Você é o construtor, mas agora se tornou prisioneiro na sua própria casa. Sua criação, que era uma fonte de refúgio, e identidade agora se transformou em carapaça. Você teceu um casulo de confinamento em torno de si e agora não consegue voar livremente. Você se tornou seu próprio carcereiro.

Qual é a saída, então?

A Segunda Parte deste livro explora as várias maneiras de trabalhar com seu karma e através dele para abordar esse insaciável anseio humano de ser livre. Indica meios de apreciar a memória sem ser oprimido por ela. Meios de viver neste mundo sem aumentar o fardo já pesado de karma. Oferece a oportunidade de se orientar em sua jornada por este mundo sem ser desgastado e exaurido por ela.

Você pode sentir a brisa no rosto e o sol na pele, mas não junta sujeira desnecessária nem está à mercê das mudanças do tempo. A próxima seção lhe dá o poder de fazer a jornada de volta para casa mostrando-lhe um caminho que os maiores sábios conheciam desde tempos imemoriais: como estar *no* mundo mas não ser *do* mundo.

Esse caminho lhe recorda que, embora o karma seja suas amarras, quando é tratado do jeito certo ele também pode ser um passo adiante para a sua libertação.

SEGUNDA PARTE

◇◇◇

Nota ao leitor

Yoga – literalmente, união – basicamente se refere a uma ciência de transformação. Enquanto a Primeira Parte deste livro se concentrou nas partes constitutivas do karma, a Segunda Parte lança o refletor sobre as tecnologias de transformação do karma. Ela apresenta os fundamentos do *karma yoga*, a ciência de transformar memória em escolha, passividade em dinamismo, identidade em possibilidade, sonambulismo em despertar.

Como vimos, o condicionamento humano é profundo nos níveis de corpo, mente e energia. Abordar o karma num nível apenas – o mental ou o físico, com exclusão do resto, por exemplo – não funcionará além de certo ponto. O caminho mais rápido e eficaz para a alegria e a liberdade é abordar o karma em *todos os três níveis* – o físico, o psicológico e o energético.

Enquanto a Primeira Parte abordava o *quê* do karma, a Segunda é para os que querem abordar o *como*. É para os que querem saber como descondicionar o corpo; como reescrever as narrativas de vida repetitivas e não originais criadas pela mente; como vencer os bloqueios inconscientes e as oscilações descontroladas do sistema de energia para aproveitar seu potencial transformador.

Este livro tem o objetivo de desmistificar conceitos, mas não de negar seu mistério. Tem o objetivo de remover os hermetismos desnecessários.

Mas não de supersimplificar verdades complexas. Assim, se a discussão sobre energia começar a parecer esotérica em alguns trechos, não permita que isso o desanime. Pense nisso como um lembrete da complexidade da ciência yóguica – uma complexidade que também estará a seu alcance quanto mais fundo você mergulhar no tema.

O karma yoga funciona de três maneiras. É um meio de gerar bom karma para si. Oferece um modo de se distanciar dos aspectos opressivos da sua herança kármica. E é um meio de se livrar do karma e avançar rumo à libertação final da existência cíclica. Todas essas três possibilidades estão disponíveis para o karma yogi, o praticante dedicado da alquimia do bem-estar.

A abordagem agora será mais prática do que na Primeira Parte. Isso significa que você encontrará muitas seções Sadhana pelo caminho. No entanto, quero reiterar que o yoga é um sistema sutil e refinado demais para ser transmitido apenas por palavras. É um sistema que exige instrutores treinados, um ambiente controlado e alunos com alto nível de disciplina. Esta parte do livro nunca substituirá a iniciação yóguica. No entanto, ela oferece várias possibilidades de autoexperimentação que podem levar até mesmo o não iniciado a começar uma jornada de liberdade e descoberta.

◇◇◇

SEIS

Karma yoga

SUTRA Nº 6

A armadilha do karma está em perder o processo de tomada de consciência do eu. O caçador se torna a caça, o arquiteto se torna o trabalhador aprisionado, o criador se torna a criação. Uma aranha presa na teia que ela mesma criou é uma tragédia.

A raposa aleijada e o leão generoso

Aconteceu.

Certo dia, um homem foi tomado pela sede espiritual. Naquele tempo, quem tinha sede espiritual ia para a floresta. (É claro que hoje isso seria difícil, já que não restam muitas florestas por aí!)

Assim, o homem se embrenhou numa floresta próxima e encontrou uma árvore, sob a qual se sentou de pernas cruzadas e começou a entoar a sílaba sagrada *aum*.

Agora, a pessoa só é capaz de entoar *aum* por um determinado tempo. Depois disso, o estômago começa a emitir seu próprio *aum* periódico! Cada vez que o estômago roncava, o homem ia à cidade comer. Depois voltava e retomava suas austeridades.

Certo dia, ele voltou depois da refeição e se sentou numa pedra. Ia retomar o cântico quando notou uma raposa. Ela perdera as patas dianteiras, mas ainda estava saudável e bem alimentada. Isso deixou o homem realmente intrigado. Numa selva governada pela lei da sobrevivência do mais apto, era estranho ver um animal sem todas as patas e ainda assim saudável. Como aquela raposa conseguia sobreviver?

O homem a fitou com surpresa, antes de retomar sua prática.

Naquela noite, enquanto meditava, ele ouviu um rugido de leão. Na mesma hora, esqueceu o *aum* e subiu numa árvore.

Surgiu então um leão com um grande naco de carne na boca. Para espanto do homem, o leão foi até a raposa, largou a carne diante dela e foi embora. A raposa pôs-se a comer seu jantar.

O homem testemunhou aquilo com descrença. A mesma cena se repetia dia após dia. O homem mal podia acreditar no que via. Uma raposa aleijada alimentada por um leão generoso! Era um milagre.

"Isso só pode ser uma mensagem de Deus", pensou ele. "O que Deus está tentando me dizer?" Matutou por um tempo e, então, se deu conta. Se até uma raposa aleijada era alimentada na selva por um leão generoso, por que ele deveria continuar se deslocando até a cidade em busca de comida? Com certeza, Deus queria que ele confiasse na provisão do alimento e se concentrasse no mais importante: sua prática espiritual.

Então o homem mudou de estratégia. Nos três dias seguintes, manteve a prática do *aum* sem sair do lugar. No quarto dia, estava bastante enfraquecido; no quinto, mal conseguia se manter consciente; no sétimo, ofegava pela vida, preso nas vascas da morte.

Por acaso, um yogi passava por ali e ouviu seus estertores. Ao encontrar o homem, perguntou:

– O que aconteceu com você? Por que está assim?

– Recebi uma mensagem divina. Obedeci, e veja meu sofrimento! – gemeu o homem.

– Que mensagem divina?

E assim o homem contou ao yogi toda a história da raposa aleijada e do leão generoso.

– Pois me diga, yogi – ofegou o homem. – Foi uma mensagem divina ou não?

O yogi respondeu:

– Sim, é claro que foi uma mensagem divina. Mas por que você escolheu imitar a raposa aleijada e não o leão generoso?

E é exatamente isso o que fizemos com nosso entendimento do karma! Sempre tivemos escolha: entre a ação inclusiva e a volição paralisada, entre o dinamismo inteligente e o fatalismo patético. Por que tantas vezes escolhemos o segundo?

Quando dizemos "nossa vida é nosso karma", isso significa que nossa vida é criada por nós mesmos. Que liberdade incrível isso representa! Ainda assim, de um jeito tortuoso, conseguimos nos abster dessa responsabilidade. No momento em que nos abstemos de responsabilidade, nossa vida parece a da raposa aleijada, e não a do leão generoso.

Na maioria das culturas do mundo, ensina-se às pessoas que Deus determina o curso da vida. Portanto, elas devem erguer os olhos para Deus. No Oriente, porém, dizemos que não há o que ver lá no alto. Num planeta redondo que gira, o que é *alto*, aliás? Seu karma foi criado por você e, conscientemente ou não, está sendo criado por você a cada momento da vida. Portanto, o karma é um convite para olhar *para dentro*, não para o alto.

Depois de entender que é 100% responsável pela sua vida, você escolherá naturalmente viver de modo consciente, e não inconsciente. Uma vida inconsciente parece fácil, porque você não precisa *fazer* nada além de viver de acordo com seus padrões e compulsões. Mas a vida inconsciente não se desdobrará do jeito que você quer. Ela está à mercê do capricho de suas compulsões. Uma vida consciente, por outro lado, se desdobrará da melhor maneira possível para você.

As pessoas em geral costumam viver num estado de grande tumulto interior porque acreditam que um Deus lá em cima ou que os outros são responsáveis pela vida delas. No entanto, no momento em que você percebe que sua habilidade de responder é ilimitada, a situação se acalma. Agora você passou a fonte da criação do céu para dentro de si. Agora não importa se você tem entrada garantida no céu. Depois que sabe que a fonte da vida pulsa dentro de você, essas garantias se tornam completamente irrelevantes!

A importância do karma é que ele significa que nenhuma de suas identidades – derivadas de crenças, ideologias, religiões e códigos morais – é absoluta. Todas são capazes de evolução constante.

Na verdade, de todos os crimes que os seres humanos cometeram contra os outros e contra as demais criaturas, o pior é a ideia de paraíso, porque supõe que o melhor da vida acontece em outro lugar, e não aqui e agora. Karma significa que você é capaz de ser sua melhor versão e fazer seu melhor *nesta vida mesmo.* Implica um movimento rumo as seu bem-estar supremo. Significa que você é capaz de estar no paraíso, no colo do divino dentro de si, *agora mesmo.*

Agora, talvez você se pergunte: se karma significa assumir a total responsabilidade, o que é graça? Qual é o papel do divino em nossa vida? Karma é a negação de Deus?

Não, não é. Vejamos isso com atenção. O que queremos dizer quando usamos a palavra *divino*?

Com divino, queremos dizer a fonte da criação.

Onde fica essa fonte?

Dentro de você.

Você só é capaz de se perguntar sobre a fonte da vida porque você é vida.

Portanto, a pergunta é: você ficará satisfeito conhecendo apenas a pele, a carne e os ossos que formam sua forma física ou vai buscar a própria fonte da criação dentro de si?

Se só conhecer o físico, você viverá de um modo específico. Se conhecer as dimensões mentais e emocionais de sua vida, terá uma vida mais profunda. Mas, se tocar a própria fonte da vida, estará disponível para a graça. Toda a sua vida se torna divina.

Caminhando sozinho

A única coisa que todo buscador precisa lembrar é que a jornada interior só pode ser realizada sozinho. Assim que ele se dá conta disso, marca-se o nascimento da espiritualidade. Às vezes essa percepção é assustadora para quem está acostumado a viver em grupos, a tomar decisões de vida coletivas. Sim, vocês podem caminhar juntos no mundo exterior, mas, no interior, todos andam sozinhos.

Aconteceu.

Um yogi caminhava pela floresta. De repente, foi abordado por um salteador. O bandido era famoso, com reputação de realizar saques e cometer assassinatos.

Estava prestes a golpear o yogi quando este perguntou:

– Por que você acumula esse karma terrível? Para quê?

– Tenho que sustentar minha família – disse o ladrão. – Sou responsável por minha esposa, meus filhos, meus pais idosos. Preciso matar você.

– Se está fazendo isso pelo bem deles – disse o yogi –, também está na hora de você saber se alguém está disposto a carregar o fardo de seu karma por você. Por favor, vá para casa descobrir. Amarre-me a esta árvore para que eu não fuja. Então volte para casa e veja você mesmo quem está disposto a carregar seu karma por você.

Assim, o salteador foi para casa e perguntou à família:

– Sustento vocês matando e roubando pessoas todo dia. Vocês me apoiarão dividindo meu karma comigo?

O pai respondeu:

– Nada feito! Sou seu velho pai; é obrigação sua cuidar de mim. O modo como cuida de mim é seu karma.

Ele foi à mãe, que disse a mesma coisa. Foi à mulher e aos filhos, que disseram a mesma coisa.

– Seu dever é cuidar de nós. O modo como faz isso é problema seu. Por que dividiríamos o karma de um assassino?

Desiludido, o homem voltou ao yogi e caiu a seus pés.

– Você tinha razão. Todos estão dispostos a dividir as recompensas do meu karma comigo. Mas ninguém está disposto a dividir a responsabilidade pelas consequências adversas de minhas ações.

O karma não pode ser distribuído democraticamente. Embora haja uma dimensão de karma coletivo – o *kula vedana* –, também há o Karma Alocado que cada um precisa resolver. Se isso é feito com meditação ou amor, com tomada de consciência ou êxtase, não importa. O terreno da responsabilidade individual existe, e não se pode fugir dele.

É verdade que a separação ou individualidade é, basicamente, um mito. No entanto, enquanto a pessoa está investida nesse mito, o aprisionamento kármico permanece. Quanto maior o investimento, maior o aprisionamento kármico. Em momentos de grande devoção, porém, quando o nível de investimento é baixo e a personalidade do indivíduo quase se dissolveu, é possível suspender o véu do karma.

Dizem que, quando santos como Jesus e o Guru Nanak (o fundador do siquismo), mestres budistas e inúmeros yogis andavam pela Terra, as pessoas ficavam curadas de suas enfermidades ao simplesmente tocar suas vestes. Sem dúvida um mestre iluminado pode fazer com que o karma de alguém se dissolva mais depressa. O que aconteceria em cem vidas pode ser resolvido em poucos minutos. Portanto, a presença desses mestres poderia agilizar a resolução do karma dessas pessoas aflitas. Também é possível, em raras ocasiões, que um mestre assuma o karma de alguém, mas na maior parte das vezes a alocação kármica, mesmo quando isso é feito num modo de avanço rápido, ainda tem que ser resolvida pelo próprio indivíduo.

Enquanto se considerar um indivíduo, você não pode se livrar das suas responsabilidades. Seus karmas são seus.

Como escapar da teia kármica

Vimos, de acordo com o sistema yóguico, que todo ser humano é composto por cinco corpos: o corpo físico, o corpo mental, o corpo energético, o corpo etéreo e o corpo de bem-aventurança. O karma está impresso principalmente nos três primeiros. Se abordarmos esses três níveis, podemos alcançar um estado de extraordinária libertação do labirinto kármico.

Muita gente fala de liberdade, mas não faz ideia de que está se enredando cada vez mais e mais profundamente em seu próprio labirinto kármico. Apesar de dotadas de um nível fenomenal de inteligência, essas pessoas esqueceram como sair dessa teia que elas mesmas teceram.

A armadilha do karma está em perder o processo de tomada de consciência do eu. O caçador se torna a caça, o arquiteto se torna o trabalhador aprisionado, o criador se torna a criação. Uma aranha presa na própria teia é uma tragédia.

Aconteceu.

Numa tarde de sol, Shankaran Pillai decidiu sair para pescar. Levou uma caixa de cerveja porque o dia estava muito quente. Enquanto aguardava a sorte, começou a bebericar. A pescaria é um jogo de paciência, mas a maioria das pessoas não sabe esperar. Enquanto aguardava, Shankaran Pillai ia esvaziando uma lata atrás da outra. A tarde foi passando. O sol quente e a cerveja o deixaram meio tonto.

De repente, um grande peixe mordeu a isca e puxou a linha. Sonolento, Shankaran Pillai, que estava sentado na bordinha da margem do rio, escorregou e caiu na água.

Um menininho que passava por ali com o pai virou-se para ele e disse:

– Pai, olhe! O homem está pescando o peixe ou o peixe está pescando o homem?

Olhe sua própria vida e responda a esta pergunta com a maior franqueza possível.

Você leva sua própria vida ou sua vida leva você?

Você fez tanto para alcançar seu bem-estar: sua casa, seu negócio, seu carro, sua esposa ou seu marido, seu filho, sua filiação ao clube. Mas agora olhe para trás e repare: você pegou o peixe ou o peixe pegou você?

Está na hora de acabar com essa farsa. Só há um jeito de sair da teia de aranha. E é a antiquíssima jornada da inconsciência à consciência, da compulsão à conscientização. A jornada conhecida por todos os maiores místicos e yogis do mundo inteiro. A jornada de volta a quem você é.

A tradição yóguica há muito tempo tem um nome para isso: karma yoga.

Karma yoga

O que é exatamente karma yoga?

É o processo de usar seu karma como um processo para a libertação.

A lógica do karma yoga é simples. Toda atividade a que você se dedica pode ser usada como um processo de emaranhamento ou como um processo de libertação. Se sua atividade for usada como processo de emaranhamento, é karma. Se você usar a mesma atividade como um processo de libertação, é karma yoga.

No entanto, as concepções equivocadas do karma yoga são inúmeras. Muita gente usa a expressão de modo livre e errôneo. Está na hora de esclarecer as muitas falácias que distorceram o entendimento humano e que, com o passar dos anos, criaram mais confusão do que clareza, mais calor do que luz.

Comecemos com a primeira concepção errônea.

Muitos acreditam que karma yoga significa ação incessante. Isso é inverídico.

Karma yoga não tem nada a ver com estar ocupado. Não é estar constantemente no modo de fazedor. Na verdade, é se envolver no tipo de atividade que o liberta, é realizar o tipo de ação que o leva à sua natureza mais elevada, rumo à liberdade.

Também há a premissa generalizada de que o karma yoga significa serviço social; que é karma yogi quem faz o bem. Esse é outro mito. O mero serviço não é karma yoga. Karma yoga não tem nada a ver com o tipo de ação que você realiza, mas com o jeito *como* a realiza. Até as boas ações podem ser realizadas compulsivamente, e não de forma consciente. Isso pode levar ao emaranhamento em vez da libertação. É o *como* que faz diferença. É a volição que conta.

Se a ação cria aprisionamento, é karma. Se a ação cria liberdade, é karma yoga. Se você realiza a ação cheio de tristeza, é karma. Se realiza a ação com alegria e sem esforço, é karma yoga.

Aconteceu.

Certo dia, três homens trabalhavam numa obra. Um passante parou e perguntou ao primeiro homem:

– O que está fazendo?

O homem ergueu os olhos e respondeu:

– Está cego, é? Não vê que estou cortando pedra?

O passante foi ao segundo homem e fez a mesma pergunta.

– O que acha que estou fazendo? – rosnou o segundo homem. – Estou tentando ganhar a vida. Preciso encher a barriga.

O passante foi ao terceiro homem e perguntou de novo:

– O que está fazendo aqui?

O homem se ergueu com grande alegria.

– Estou construindo um templo glorioso!

Os três faziam o mesmo serviço. Para o primeiro, seu trabalho era simplesmente cortar pedra. Para o segundo, uma mera fonte de sustento. Para o terceiro, era uma oportunidade de criar algo belo com o qual ele se importava profundamente. O *como* é o ponto central.

Todas as ações na sua vida podem ser assim. Não é o *conteúdo* da sua vida que importa. É o *contexto*. Assim, tornar-se um karma yogi *não significa que você tenha que deixar de fazer o que estiver fazendo neste momento*. Significa que você realiza a ação com envolvimento total e, no processo, ajuda a criar um mundo mais alegre aonde quer que vá.

O problema do mundo de hoje é que criamos ideias rígidas de certo e errado. Quando a mente está tão cheia de hierarquia, é impossível envolver-se de todo o coração em qualquer ação.

Quando tinha 12 anos, minha filha veio me procurar um pouco perturbada. Dei a ela apenas uma orientação: "Nunca olhe para alguém como se essa pessoa estivesse acima de você; nunca olhe para alguém como se essa pessoa estivesse abaixo de você." Se praticassem esse simples sadhana, as pessoas veriam tudo exatamente como é. Quando olha alguém de baixo, você exagera as qualidades positivas do outro; quando olha alguém de cima, exagera as qualidades negativas do outro. Mas se simplesmente olhar – sem procurar nada, mas apenas *olhar* –, você verá as coisas simplesmente como elas são. Assim sua habilidade de navegar pela vida melhora muito.

Você alguma vez já caminhou numa superfície plana esperando

encontrar um degrau à sua frente? A própria expectativa de um degrau o faz perder o equilíbrio! É isso que significa caminhar pela vida numa paisagem de faz de conta que não tem relação nenhuma com a realidade. Mesmo que esteja em terreno plano, você perde o equilíbrio!

No momento em que diz que algo é superior e algo é inferior, todo um mecanismo de gosto e aversão, apego e repulsa, se põe em movimento. Mas, quando vê as coisas com certo equilíbrio interior, você aprimora todos os aspectos da vida, seja ao gerenciar uma grande empresa, seja ao gerenciar sua família.

Isso nos leva à próxima falácia sobre karma yoga. Às vezes, o karma yoga é interpretado como o cumprimento do seu dever. Mais uma vez, isso é absolutamente falso. Agora, isto pode soar ofensivo, mas vou dizer: *não deveria haver "deveres" neste mundo.* Dever é tirania. A própria ideia foi inventada por pessoas com interesses ocultos.

Pense nisto. Toda ideia de dever vem de alguém com expectativas. Os governantes dizem aos governados quais são seus deveres com eles; os governados dizem aos governantes quais são os deveres deles com os governados. Os pais tentam lembrar aos filhos suas obrigações filiais; os filhos tentam lembrar aos pais suas obrigações parentais. Os maridos querem que as esposas lembrem seus deveres conjugais, e as esposas querem que os maridos lembrem os deles.

Não há nada mais insuportável do que uma pessoa que faz algo por você por acreditar que é dever dela. A hipocrisia disso pode se tornar intolerável. Se você for muito preocupado com o seu dever, morrerá com esse fardo – e as pessoas ao seu redor morrerão de tédio! Se tem amor por alguma coisa, faça; se não tem amor, é melhor simplesmente desistir da ação. *Fazer algo com tristeza ou com ar de superioridade não é uma contribuição à vida.* Quando sua atividade é tão desgastante assim, você cria muito sofrimento à sua volta. Se puder trabalhar alegremente, faça isso 24 horas por dia. Se não puder, é melhor parar. O planeta está cheio de gente infeliz trabalhando duro e produzindo mais sofrimento no processo, tanto para si quanto para todo mundo.

A ideia do dever vem dos sistemas éticos e morais que criamos para o caso de nossa humanidade falhar. São sistemas alternativos. Mas, como guru, quero que a humanidade de todo indivíduo esteja ativa em todos os momentos da vida, e não que as pessoas operem de acordo com um sistema alternativo que imita a humanidade, mas, na verdade, é fajuto.

Se de repente todas as 7,8 bilhões de pessoas em 2021 se pusessem a trabalhar intensamente, o planeta acabaria em 20 anos! Ainda bem que 50% das pessoas são preguiçosas. E são esses 50% que vêm salvando o mundo! É de se lamentar. Deveriam ser os inteligentes e ativos a salvarem o mundo, não o contrário. Mas, infelizmente, muitos desses sofridos cumpridores de deveres estão na verdade destruindo o mundo, mantendo-se ocupados o tempo todo!

Karma yoga não é uma forma mais sagrada de cumprimento de deveres. É transformar sua vida inteira num *oferecimento*. Só quando a ação é realizada assim o karma não cria aprisionamento. O mundo está cheio de gente que tenta conscientemente, de um jeito ou de outro, despertar o amor ou a espiritualidade nos outros. Com muita frequência, isso é feito com grande apego a uma autoimagem de pessoa nobre ou compassiva. Com esse apego, a ação conduz ao emaranhamento. Só se houver uma noção natural de oferecimento o karma poderá elevar quem realiza a ação.

Assim, a pergunta inevitável é: *se o dever é irrelevante, isso significa que você pode fazer tudo que quiser?*

Sim!

Mas há uma ressalva: faça o que fizer, haverá consequências. Se estiver disposto a aceitar alegremente as consequências de sua ação, vá em frente. Mas se for ficar chorando quando as coisas ficarem desagradáveis, é melhor regular suas ações e agir com certa sensatez e prudência.

Abordagens do karma yoga: tomada de consciência e abandono

A pessoa pode se livrar do karma de duas maneiras: agindo com consciência ou agindo com total abandono. Se conseguir as duas coisas, você estará liberto. Essas são as duas abordagens ao karma yoga. Sem elas, tudo que você fizer será acúmulo de karma.

O abandono é uma das qualidades mais difíceis de encontrar no mundo de hoje. O nível de inibição com que as pessoas vivem é verdadeiramente espantoso. E isso é responsável por várias das doenças – físicas e psicológicas – que vemos à nossa volta.

Costumo perguntar às pessoas: quantos de vocês cresceram ouvindo seus pais darem risada várias vezes por dia? Na maior parte do tempo, as pessoas são seríssimas por carregarem o fardo desse dever pavoroso de ter que criar os filhos direito.

Agora, quando crescem assim, expostas o tempo todo a medo, ansiedade e tensão, muitas pessoas se tornam naturalmente inibidas. Talvez não seja algo dito com todas as letras, mas as crianças leem nas entrelinhas com facilidade: não é apropriado rir, chorar, dançar. Na verdade, o que elas assimilam é que não é certo estar *vivo*! Depois de adultas, passam a acreditar que, além de ir para o escritório, trabalhar o dia todo, receber o salário, ir para casa, ter filhos e passar por desafios com as crianças, nada mais é adequado.

Infelizmente, essas inibições não permitem que as pessoas simplesmente sentem-se imóveis. O que ninguém percebe é que sentar-se absolutamente imóvel é um dos maiores prazeres da vida! Se conseguir sentar-se absolutamente imóvel, você verá que só respirar e estar vivo é a coisa mais extraordinária do mundo. Minha agenda é caótica, mas, quando tenho a oportunidade de fechar a porta e não fazer nada, é a hora mais maravilhosa da minha vida. Não tenho necessidade de ler, ver televisão, me comunicar ou ter sequer um único pensamento na mente. O fenômeno da vida é muito maior do que os fenômenos do pensamento e da emoção. Quando experiencia verdadeiramente a vida, seu mundo de pensamentos e emoções parece insignificante e irrelevante. Simplesmente estar vivo é a maior dádiva de todas.

Mesmo por um momento, se você estiver num abraço profundo com a criação, a fonte da criação não estará muito longe. Ela se torna uma experiência viva para você. Mas, neste momento, você não está envolvido com a criação; está enamorado de sua própria criação limitada e autofabricada, que é apenas uma projeção psicológica. Todos os seus sofrimentos, suas tensões vêm desse pequeno mundo de faz de conta.

Então como deveríamos viver?

É bem simples. Quer você ande ou dance, trabalhe ou brinque, cozinhe ou cante, simplesmente faça isso com total atenção e consciência. Ou então faça com total abandono. Nos dois jeitos, você está mais perto da criação. Mas, se nem a consciência nem o abandono fazem parte da sua vida, você está preso em sua própria criação. Esse é um jeito trágico de viver. Quando há uma criação de exuberância e grandiosidade fenomenais à sua volta, é uma calamidade viver em seu próprio casulo de preocupação. E a ironia é que esse casulo nem mesmo é criado inteiramente por você; ele é moldado pela opinião de dez outras pessoas sobre você! A maioria nem mesmo sabe quem *elas* são, mas têm opinião sobre tudo. Você permite que a opinião delas dite a natureza da *sua* própria existência!

Então, o que exatamente queremos dizer com tomada de consciência?

Primeiro, lembremos que estado de alerta mental *não* é tomada de consciência. A tomada de consciência não tem nada a ver com a mente lógica. Nem é o que se costuma chamar de atenção plena. Ela emerge da camada mais profunda do ser humano. Chama-se *chitta*, ou consciência sem conteúdo. Quando você entra em contato com essa camada mais profunda, a tomada de consciência acontece sem esforço.

Aconteceu.

Dois sacerdotes estavam em pé com uma placa que dizia: O fim está próximo. Dê meia-volta antes que seja tarde demais.

Um carro passou à toda. O motorista viu a placa, espichou a cabeça pela janela e gritou:

– Deixem a gente em paz, seus malucos religiosos! – E acelerou.

Dobrou a esquina. Os sacerdotes ouviram o guincho horrendo dos pneus e um estrondo enorme.

Um dos sacerdotes se virou para o outro e disse:

– Talvez devêssemos ter escrito simplesmente “A ponte caiu”.

O problema da espiritualidade é que há muito tempo vêm lhe mostrando placas erradas. As pessoas falam demais de tomada de consciência mental. Isso não existe. Estado de alerta mental não é tomada de consciência. Esse estado vai ajudar você a aperfeiçoar a sua habilidade de sobreviver neste mundo. A mente é uma faculdade útil de discernimento, essencial para a sobrevivência, mas não tem relevância existencial.

A tomada de consciência é uma dimensão muito mais profunda. Não é algo que você faça. Não é uma ação. É um estado de ser. É o modo como você é. A tomada de consciência é inclusividade, um modo de abraçar toda esta existência. Você pode estabelecer as condições ideais para que ela aconteça, mas não pode criá-la. Se alinhar os corpos físico, mental e energético, haverá espaço para a tomada de consciência florescer. Quando esse florescimento se torna experiencial, você explode na unicidade da existência. Isso é yoga, a união suprema.

E abandono? O que significa?

Significa que seu envolvimento se tornou tão intenso que você está disposto a se abandonar. A maioria das pessoas acha que a palavra se refere a largar alguém ou alguma coisa! Mas na verdade significa abandonar a si mesmo. Você se dispõe a abrir mão de tudo o que considera ser você.

Agora, o abandono sem dúvida pode acontecer ao simplesmente se sentar imóvel, mas não é fácil. É preciso uma grande tomada de consciência para fazer isso num estado de inação. Por outro lado, em estados intensos de atividade, quando está correndo, dançando ou praticando um esporte, você é capaz de se entregar com total abandono. Nesses momentos, há uma desconexão entre você e seu passado. Quando está completamente perdido ou mergulhado numa atividade qualquer, o karma passado não tem mais influência sobre você. Muitos artistas e atletas conhecem esse estado de imersão, mas a frustração é que eles são incapazes de sustentá-lo. A atividade imersiva pode lhe dar um gostinho da liberdade, mas ela não dura. O yoga é a ciência de sustentar essa experiência.

Muitos acreditam que o estado de inquietação é um pré-requisito da ação. Isso é absolutamente inverídico. O paradoxo é que a base de atividade está na quietude. A ação que nasce da inquietação suga a vida, e não o contrário. Ela destrói o ser humano no processo. Você verá que quando a ação é realizada de tal maneira que não é mais sobre você, sua habilidade de trabalhar se torna quase ilimitada. É possível estar ativo quase 24 horas por dia sem exaustão. Essa é a coisa mais notável do karma yoga.

Agora você vai perguntar: o que tudo isso tem a ver com ser *espiritualizado*?

Isso nos leva a mais uma falácia.

Ser espiritualizado não significa sentar-se semiadormecido sob uma árvore! Ser espiritualizado não é uma deficiência; é um empoderamento. Não significa limitar sua esfera de atividade; significa aprimorá-la. A pessoa espiritualizada pode cozinhar, limpar, andar, trabalhar, administrar uma empresa ou uma nação, fazer o que quiser e ainda ser espiritualizada.

Para essa pessoa, seu próprio sopro de vida é um processo espiritual. Isso pode acontecer se o processo de tomada de consciência dela se elevar acima de determinado nível, se o amor dela transcender certas limitações, se a fisicalidade dela for muito intensa ou se a vibração de sua energia ultrapassar certo nível. A pessoa espiritualizada é *aquela que encontrou a ação na inação e a inação na ação*. A espiritualidade tem a ver com o dinamismo e a quietude coexistindo dentro de você para lhe dar um vislumbre da morte em vida o tempo todo.

SADHANA

O envolvimento seletivo é a base do aprisionamento e do emaranhamento. Eis aqui um simples sadhana rumo à libertação. A partir de agora, esteja conscientemente envolvido com tudo que o cerca: a comida que come, a água que bebe, a terra por onde anda, o ar que respira, as pessoas à sua volta. Se achar difícil, pense em alguém cuja presença evoque em você as emoções mais doces e nobres. Pode ser uma pessoa viva ou morta; pode ser Jesus, Buda ou qualquer um que você mais valorize na vida. Depois, tente olhar todos e tudo ao seu redor com o mesmo olhar. Se isso for difícil de sustentar, dê a si mesmo lembretes de hora em hora no celular. Um cântico, música ou mantra simples pode lembrá-lo disso para ajudá-lo a se estabelecer na prática.

Envolva-se igualmente com tudo sem nenhuma distinção. Deixe de lado todas as hierarquias. Se Deus surgir à sua frente, o mesmo envolvimento; se um sapo surgir à sua frente, o mesmo envolvimento. (Não, não estou falando daquele sapo que vira príncipe com um beijo; um sapo comum!)

Pode parecer difícil no começo. Mas, quando conseguir, você verá que, em apenas 24 horas, será capaz de se tornar um ser humano inimaginavelmente bem-aventurado.

Renunciando ao fruto das próprias ações

Certa vez, quando me perguntaram qual era minha missão na vida, respondi: "Nenhuma. Só estou me divertindo." Meu interlocutor ficou chocado. Divertindo-se? Eu estava de gozação? O que eu queria dizer?

Mas é verdade. Todos os meus programas de yoga, palestras, conferências e projetos comunitários não significam nada para mim. Então, por que me esforço que nem um condenado para garantir que as pessoas aprendam yoga e bem-estar humano, você perguntará? Quando digo que isso tudo não significa nada para mim, não estou dizendo que seja inútil. Sei que é útil. Sei que é disso que a humanidade precisa agora. Mas, pessoalmente, não significa nada para mim. Ao mesmo tempo, me esforço como se minha vida dependesse disso – e, se me custar a vida, ainda continuarei. Meu envolvimento está a todo vapor o tempo todo.

Isso soa paradoxal? Mas na verdade, não é. O problema é só que a maioria das pessoas não consegue fazer nada se não estiver pessoalmente investida na ação. "Essa é a causa mais importante do mundo", pensam. Ou "Deus me escolheu para fazer esse trabalho". As pessoas estão sempre procurando sua missão na vida. O que nunca percebem é que é desse jeito que se constrói mais karma! Deus não ordenou nada. São elas que constroem uma falsa noção de autoimportância, alegando que trabalham por ordem divina. Se aprendessem a mergulhar em algo que não significa nada para elas com envolvimento absoluto, veriam seu karma se desemaranhar rapidamente.

A base do karma yoga é *estar envolvido no processo, não no produto.* Quer você aborde seu karma através da tomada de consciência ou do abandono, a questão é mergulhar na jornada em vez de ficar ansioso com o destino.

Comece olhando um exemplo prático. Digamos que alguém seja contador. Em si, o fato de ir ao escritório e contar números não deixa essa pessoa emaranhada. Mas outras razões podem incitá-la a trabalhar: o prestígio de estar numa determinada empresa, os benefícios financeiros, o estilo de vida que isso lhe permite, o acesso social que lhe dá. Assim, aos poucos, a pessoa descobre que vai trabalhar não mais porque ama contar números, mas por causa do fruto de suas ações. É claro que todos merecem ser pagos, comer bem, viver bem. Mas a questão é: se todos esses benefícios não existissem, ainda trabalharíamos com a mesma intensidade e o mesmo envolvimento?

Não é preciso ser um estudioso das escrituras para entender isso. É só se observar. Você verá que sempre que realiza uma ação sem expectativas, sua experiência de vida será qualitativamente diferente das vezes em que a realiza com expectativas. Um bom exemplo é considerar as vezes em que jogou um jogo de que gostava. Você mergulhou no jogo com paixão e envolvimento, e é claro que jogou para ganhar, mas não ficou arrasado se perdeu. E, como gostou do processo, você se dispôs a jogar de novo. Se fica muito feliz jogando, o resultado não importa muito. Se for capaz de levar essa tomada de consciência a todos os aspectos da vida, sua experiência de vida será drasticamente alterada. Acima de tudo, só se ganha o jogo quando se joga bem, não pelo desejo de vencer.

Como não é fácil para todos cultivar uma tomada de consciência suficiente para abrir mão do fruto de sua ação, todas as culturas do mundo enfatizaram a importância do amor. Quando se tem a sensação profunda de amor por alguém, fica muito mais fácil abrir mão da consequência da ação.

Nesse aspecto, as mulheres são claramente karma yogis melhores do que os homens. Pense em todas as mulheres que trabalharam em silêncio, incansáveis, anônimas ao longo de séculos, sem nenhuma perspectiva de fama ou recompensa financeira. Muitas trabalharam em tempo integral para cuidar da família, para garantir que todos fossem alimentados, vestidos e amados, sem pensar um momento no que poderiam ganhar com isso. Infelizmente, desvalorizamos a contribuição dessas gerações de mulheres não aclamadas.

Nossa educação atual tem o efeito de criar ganância sem fim e quereres desregrados. Os que agem sem expectativa de recompensa podem ser considerados perdedores na sociedade que criamos para nós. Nossa ideia de progresso é querer ser como os outros ou competir para ser "melhor" que eles. Essa loucura é a maldição do mundo moderno.

O karma yoga nos lembra que a ação nunca é um problema. É a expectativa do fruto da ação que causa sofrimento. Se você simplesmente aprecia o que faz e trabalha dando o melhor de si, nenhum sofrimento entra em questão. Você trabalha com alegria e sua habilidade de trabalhar fica imensamente aprimorada.

Só o ser humano absolutamente bem-aventurado seria capaz de recomendar a renúncia ao fruto das próprias ações. Quando tenta alcançar a felicidade torcendo por um certo resultado de sua atividade, as situações externas determinarão se você é alegre ou infeliz. Por isso não fico impressionado com os que citam sem cessar as palavras de Krishna ou Jesus ou que papagueiam Rama ou Buda. Repetir uma verdade das escrituras sem ter a experiência interior dela é um exercício inútil. Não transformará sua vida de jeito nenhum.

Mas uma inversão simples da abordagem da sua vida pode fazer toda a diferença. Se visse sua vida como uma *expressão* de sua felicidade, e não uma busca por ela, você veria que fez uma mudança significativa de paradigma. Sem esforço, mergulharia de cabeça no que quer que estivesse fazendo, sem nenhuma expectativa, pela pura alegria da atividade.

Dominar ou servir?

Os seres humanos não têm outra opção senão agir. Essa é a natureza da nossa vida. Mas as duas alternativas diante de nós são apenas estas: queremos dominar ou queremos servir?

Agora, não estou falando de servir de forma egocentrada ou de uma forma que ache que é mais santificada do que outras. Essa é uma intensificação do ego, mais do que qualquer outra coisa. Quando digo *servir*, refiro-me a um ato de imersão, não de conquista. Todo ser humano quer causar impacto no mundo, mas como você deixa esse impacto é a questão.

Não se considere incapaz de ser um déspota. A maioria das pessoas quer dominar o mundo. Só que, como elas não têm a menor convicção, acabam dominando só a própria família! Essas pessoas podem não ter a capacidade, a intensidade, o foco concentrado necessários para dominar o mundo. Mas secretamente gostariam de ter.

O que torna o tirano diferente é que sua autoimagem é poderosa. Ele acredita tanto que vai dominar o mundo que, às vezes, isso quase se realiza! Eis algo que muitos seres humanos ainda têm que descobrir por conta própria: se criarem um foco mental contínuo numa autoimagem específica, ela realmente se realizará.

No entanto, há outro modo de criar. Ele não envolve pedir nada, nem sequer pensar no que precisa acontecer. Aqui, as coisas simplesmente acontecem quando têm que acontecer. Nenhuma premeditação, nenhum plano ou esquema é necessário aqui. Quando se escolhe essa abordagem, só é preciso agir com tremenda intensidade, sem hesitar um instante em seu foco e determinação. Então um dia você alcançará um ponto em que nenhuma ação é necessária. Você é capaz de agir, mas não é impelido. Você escolhe se engajar com a vida, mas não está mais emaranhado nela.

Esse tipo de ação é possível para todos. Mas, antes de chegar a esse estado, exige-se alguma ação ardorosa. Quem nunca ardeu jamais conhecerá o frescor da água. Quem só levou a vida de forma sedada, morna e desanimada nunca conseguirá alcançar um ponto de transformação. Quem não conheceu a ação intensa nunca será capaz de passar à inação. Sua inação será simplesmente letargia, apatia.

Só a pessoa capaz de mergulhar no trabalho conhece o verdadeiro significado do repouso. É por isso que nos Centros Isha, como já contei, você encontrará muitos residentes envolvidos em trabalho incansável e incessante. Não estão trabalhando em algo que gostem ou não gostem; não estão trabalhando para conseguir alguma coisa; é apenas uma atividade com a mente focada, sem escolha. Fazem porque é necessário, só isso.

Depois do trabalho imersivo e rigoroso, você verá que de repente não lhe resta a intenção de fazer nada. Agora o verdadeiro processo espiritual se desdobra. Só depois de conhecer a ação intensa você conhecerá a bem-aventurança da inação. Quando as suas energias chegam ao ponto de fervura, é facílimo transformá-las e fazer sua vida acontecer da maneira mais harmoniosa possível. Esse é todo o propósito do karma yoga.

Essa também é a ciência de criar um ser verdadeiramente poderoso. É assim que é criada a pessoa que serve. O poder dela é imenso, mas não é o poder de dominar. O poder de dominar não é um poder real, porque pode lhe ser tirado a qualquer momento. O poder de que falamos aqui é um poder que não pode lhe ser tirado. Em qualquer circunstância ou contexto em que essa pessoa for colocada, só há uma coisa que ela fará.

Os que buscam dominar só podem trabalhar se estiverem em seu trono. Tirados dele, se tornam infelizes. Mas os que escolhem servir serão inabaláveis, porque não estarão obcecados pelo fruto de sua ação. Se estiverem no paraíso, farão a mesma coisa; se estiverem no inferno, farão a mesma coisa. De acordo com a tradição budista, Gautama, o Buda, disse que preferiria servir no inferno a ir para o paraíso porque, de qualquer modo, ele era incapaz de sofrer. Era essa sua liberdade.

Essa abordagem liberta você do apego ao fruto da sua ação. Agora a ação acontecerá por si só e se dissolverá e derreterá por si só também. Você não tem que parar de trabalhar para ser libertado da ação; isso acontecerá de qualquer modo. Você não tem que fazer nada a respeito.

Aconteceu.

Num mosteiro zen, vivia um mestre que tinha mais de 80 anos. Todo dia, ele dava duro no jardim – uma parte da prática espiritual zen consagrada pelo tempo. Ele fazia isso havia anos. Agora estava velho e fraco, mas se recusava a parar de trabalhar.

Os discípulos tentavam dissuadi-lo.

– Não se incomode mais com isso, mestre – diziam. – Estamos todos aqui. Nós faremos o trabalho.

Mas o velho mestre não escutava. Sua capacidade física tinha enfraquecido, mas a intensidade permanecia a mesma.

Até que um dia seus discípulos pegaram as ferramentas de jardinagem e as esconderam em outro lugar. Ele as procurou em vão. Naquele dia, ele não comeu. No dia seguinte, novamente, as ferramentas tinham sumido, e ele não comeu. No terceiro dia, novamente sem ferramentas, ele não comeu.

Os discípulos ficaram então com medo de seu jejum. No dia seguinte, recolocaram as ferramentas no galpão. Naquele dia, o velho monge trabalhou e comeu. À noite, transmitiu seu ensinamento: "Sem trabalho, sem comida." E naquela noite ele morreu. Os quatro dias de jejum o tinham enfraquecido demais. Mas o ensinamento foi sucinto, e ele o deu antes de partir: sem trabalho, sem comida.

Agora, onde quer que se ponha esse homem, no céu ou no inferno, sua ação permanecerá a mesma. Quando é assim, você se liberta dos caprichos da situação externa, dos ciclos do karma. Não adianta meramente fechar os olhos. Nem simplesmente fugir e sentar-se nas montanhas. No momento em que abrir os olhos, no momento em que voltar ao mercado, a realidade virá e o alcançará. O karma tem que ser resolvido, mas engajar-se com a ação com grande envolvimento e intensidade, sem lhe dar a mínima, é o modo mais eficaz de resolver seu karma.

Há várias maneiras de fazer isso. Você pode estar tão embriagado de bem-aventurança que nada importa ou cair tão profundamente de amores por alguém que nada importa. Só em estados de amor ou bem-aventurança é possível trabalhar intensamente e ainda assim não se incomodar com o resultado.

O significado do sacrifício

Com frequência, entende-se a expressão *karma yoga* como algo intimamente ligado ao sacrifício. Em todas as tradições espirituais do mundo, a noção de sacrifício foi considerada importante.

Em sânscrito, a palavra *yagna* costuma ser traduzida como "sacrifício".

Mas normalmente, na prática, *yagna* se refere a certas oblações e rituais praticados na Índia antiga para apaziguar uma divindade ou aplacar algumas forças da natureza. Esses rituais, porém, não eram um sacrifício no verdadeiro sentido da palavra. *Abrir mão de algo em troca de outra coisa é comércio; abrir mão de algo em troca de nada é sacrifício.*

O yagna tradicional tinha tecnologia e lógica interna próprias. Era um processo pelo qual se alcançava o acesso a certas forças ou deidades e se buscava aprimorar as próprias capacidades. Esses processos ainda são praticados hoje em muitas partes da Índia. Eles podem ajudar a trazer vários benefícios materiais e para a saúde.

No entanto, uma vez que ingressa no caminho espiritual, você não se interessa mais por pequenos processos, tecnologias menores, rituais insignificantes. Seu próprio modo de viver se torna um yagna. Esse é o significado mais profundo de sacrifício. Você não estará interessado em chamar um especialista para realizar rituais que lhe permitam manipular certas forças. Seu próprio processo de vida é um oferecimento.

Mesmo se um pequeno percentual da população do mundo se tornar meditativo, muitos colherão os benefícios. Uma única mangueira pode oferecer seus frutos a cem pessoas. Do mesmo modo, quando sua vida se torna um yagna, milhares de pessoas podem colher os benefícios. Muitos indivíduos fizeram isso ao longo das eras.

No Isha, há milhares de voluntários e praticantes que têm oferecido toda a sua vida a um caminho espiritual com dedicação e foco inabaláveis. Aonde quer que vão, eles transformam o lugar, a seu próprio modo, num *yagna bhumi* – uma terra de sacrifício.

Não pense em sacrifício como abnegação resignada. Quando a vida inteira se torna um oferecimento, isso traz uma alegria própria. Há uma história sobre um asceta indiano que foi aos Estados Unidos no século passado. Alguém que ele encontrou lá comentou com desdém:

– Como asceta, você não conhece nada da vida; não provou o vinho nem dormiu com mulheres. O que sabe das experiências da vida?

O asceta respondeu calmamente:

– Venho de uma terra de sacrifício. E sei que a bem-aventurança do sacrifício excede muito os prazeres do mundo. Não tenho medo de seus prazeres e não os nego nem condeno. Mas, depois de provar uma alegria mais profunda, eles se tornam brinquedos de criança, meros calmantes, distrações menores.

Em certa época, essa abordagem esteve profundamente arraigada na família indiana. Não era perpetuada como ensinamento, mas como prática cotidiana. Fazia parte da cultura espiritual. De maneiras variadíssimas, a criança crescia observando que a vida mais profundamente plena consistia em dar, não em tomar; em servir, não em dominar.

Minha mãe, como muitas outras mães, foi um ótimo exemplo disso. Ela nunca precisou nos dizer "amo vocês", porque isso era muito visível em tudo o que fazia. Toda manhã, depois de garantir que a família comesse, ela pegava uma parte de seu desjejum e ia ao quintal alimentar as formigas que lá viviam. Nunca comia sem antes alimentá-las. Hoje, as famílias modernas pulverizariam o quintal com pesticida! Mas, sem nenhuma missão ecológica pretensiosa, para minha mãe era claro que as formigas tinham tanto direito a este planeta quanto ela. Cada pequena ação de sua vida se tornou um yagna.

Para as pessoas cuja vida é assim, não há necessidade de nenhum ritual. Sua vida se tornou uma expressão de amor – não do tipo "amo você" e "você me ama", mas como atmosfera básica de sua interioridade. Agora sua vida é um fluxo incessante de karma yoga, um transbordar interminável de sua alegria interior. Nada mais é necessário.

◇◇◇

SETE

O karma yoga e o corpo físico

SUTRA Nº 7

Se assumir uma carga kármica maior agora que está bem e é capaz, mais tarde você andará "com as mãos livres"!

"Corporalizando" o karma

Vejamos como o karma yoga pode ser praticado no nível da primeira dimensão do eu de que temos consciência: o corpo físico. Como o corpo físico é influenciado pela memória kármica? E como podemos usá-lo para nos libertar do aprisionamento cíclico do karma?

A estrutura kármica tem muitas maneiras imperceptíveis de influenciar e até distorcer o corpo físico. Não é meramente seu estilo de vida – o que você come, o que bebe, o que respira – que causa impacto em seu corpo. Os aspectos mais sutis de seu pensamento e de sua emoção também podem influenciar o corpo físico.

Comece com um exemplo simples. Em geral, você sabe se a pessoa está feliz ou deprimida só de olhar seu rosto. Se for mais observador, descobrirá que, quando perturbadas, as pessoas realmente se sentam ou ficam em pé de um modo diferente. Com o tempo, essas posturas se tornam habituais e se enrijecem, transformando-se em vasanas, ou tendências.

Agora, a mente faz coisas diferentes em dias diferentes. Um dia, está alegre; no outro, está deprimida; no seguinte, estressada. No processo, ela não distorce meramente sua visão da realidade; ela distorce seu corpo também.

Pense em todas as coisas inesperadas que acontecem diariamente e não estão sob seu controle. Se cada pequeno evento psicológico remodelasse você, dá até para imaginar a distorção completa em que você se transformaria em poucos anos? A distorção acontecerá drasticamente no nível energético, mas levará tempo para se manifestar fisiologicamente.

Se olhar com atenção pessoas que passaram recentemente um certo nível de estresse emocional, você notará pequenas mudanças da aparência física. Muitas vezes, se o olho esquerdo dela estiver um pouquinho menor do que o direito, você pode ter certeza de que a pessoa passou por alguma angústia emocional nos últimos seis meses (a não ser, é claro, que tenha nascido assim). Isso porque, no yoga, o lado esquerdo do corpo está sempre associado à vida emocional do ser humano e à dimensão feminina, simbolizada pela lua com seus ciclos crescentes e minguantes.

Dependendo da natureza da memória kármica, certas partes do corpo também se comportam de determinadas maneiras. Você pode notar isso em seu próprio corpo: por mais que se exercite, um músculo seu será invariavelmente menos cooperativo do que os outros. Pode até consultar o médico, fazer uma ressonância. Provavelmente, ambos lhe dirão que o músculo está perfeitamente bem. Mas sua herança kármica molda o sistema esquelético e a musculatura de um jeito muito singular. Nem todo músculo é igualmente forte ou competente.

Mais uma vez, se prestar bastante atenção ao corpo, você verá que, em algumas partes do sistema físico, você não tem nenhuma sensação. Em outras palavras, há bloqueios ou lacunas no processo sensorial. Isso também acontece porque o karma cria sua própria estrutura. Com base nessa informação kármica, o corpo físico assume um formato específico.

Hoje, a medicina moderna conhece bem a noção de doença psicossomática, que reconhece a inseparabilidade entre os corpos físico e mental. Como já vimos, para cada sensação há uma flutuação mental e uma reação química correspondente. Esse mesmo processo também funciona ao contrário. Sua estrutura física, sua constituição e sua saúde geral também são decididas por esse incansável processo.

É por isso que o yoga trabalha tão intimamente com postura, respiração, atitude e intenção. Se certa tomada de consciência for levada a esses aspectos do eu, o que está acontecendo na mente ou no mundo exterior não afetará o corpo. Quando estiver psicologicamente angustiado, é importantíssimo se manter consciente do seu corpo, porque sua substância kármica está tentando moldar seu corpo de acordo com as distorções dela. Isso explica a atenção enorme dada à prática de *asanas* e *pranayama* (posturas físicas e processos respiratórios) no yoga.

Karma yoga e asanas

Como a dimensão física do yoga – hatha yoga, como é chamado – prepara o corpo para lidar com o karma, exatamente?

A lógica é simples. Se você cultivar o corpo de determinado modo, ele será realmente capaz de assumir uma carga kármica maior. É assim que seu Karma Acumulado (*sanchita*) se transforma em Karma Alocado (*prarabdha*). A estimativa de quanta carga kármica você aguenta é feita por sua própria inteligência inata. Essa inteligência decidirá o volume do estoque com que você terá que lidar durante esta vida, com base em sua capacidade física e energética e, é claro, no saldo kármico que você tem.

Certos ciclos se desenrolam rotineiramente na vida humana. A cada doze anos, mais ou menos, uma mudança lhe permite assumir mais carga kármica. O primeiro ciclo de doze anos começa para a criança por volta dos 54 a 108 meses (ou seja, entre os 4 e os 9 anos). Muitos seres humanos com certa sensibilidade à vida têm consciência de mudanças sutis em torno do limiar de cada fase de doze anos; são épocas de maior receptividade, vulnerabilidade e possibilidade, épocas em que é comum ocorrerem mudanças no rumo da vida.

Certas mudanças também ocorrem em todo solstício de inverno e de verão. Tradicionalmente, os yogis utilizam essas mudanças para aumentar a quantidade de karma que conseguem resolver. Todo ciclo da lua também marca uma mudança. Em geral, os que estão em sadhana yóguico intenso escolhem assumir um estoque extra de karma em dias de lua nova.

Uma fábula de Esopo ilustra lindamente essa questão. Sempre que um senhor específico viajava, seus servos o seguiam, distribuindo entre si toda a bagagem. Esopo sempre pegava a carga mais pesada, embora não fosse um homem muito forte. Todos os outros pegavam as cargas mais leves, porque a viagem durava vários dias. Mas ele sempre levava a mais pesada. Certo dia, seus colegas lhe perguntaram:

– Por que você faz isso? Você é miúdo. Por que escolhe a carga mais pesada?

Ele respondeu:

– Pego os fardos de alimentos, que são os mais pesados. A questão com os alimentos é que, a cada refeição, a carga vai ficando menor. Nos dois últimos dias, ando com as mãos livres!

Preparar o corpo é parecido. Com o yoga, você prepara o corpo para aguentar uma carga kármica maior. Se assumir uma carga kármica maior agora que está bem e é capaz, mais tarde você andará "com as mãos livres"! Não haverá nada a carregar, e sua vida será bela. É por isso que a programação diária do Centro de Yoga Isha, como já ressaltei, é tão rigorosa. Aqui, a atividade física é intensa para queimar o Karma Alocado o mais rápido possível.

Como sabemos, cada ser humano nasce com alocações diferentes de karma. Às vezes, essas diferenças são visíveis ainda no útero. Enquanto cresce, cada criança é diferente. Com base nisso, a inteligência inata da criança decide quanta energia alocar para diferentes tipos de atividade: física, mental, emocional e meditativa.

Agora, digamos que alguém tenha escolhido 40% para sua atividade física, 40% para a atividade emocional, 10% para a atividade intelectual e 10% para a meditativa. É provável que essa pessoa se torne uma bagunça hiperativa por causa disso! Quando um indivíduo assim vem ao Centro, eu o coloco para realizar uma atividade física intensa por alguns meses. A ideia é queimar a energia alocada para a atividade física em seu Karma Alocado (*prarabdha*). Só depois de queimar essa energia ele será capaz de se sentar quieto e meditar. A maioria das pessoas não consegue sentar-se imóvel se antes não praticar alguma atividade intensa.

Depois disso, a vida fica muito mais simples. De qualquer modo, o processo da vida em si já queima karma. Simplesmente viver e respirar destroem grande volume dele. Assim, depois desse período inicial de atividade energética, as coisas ficam mais fáceis, desde que as pessoas aprendam a não pegar mais carga. Em resumo, no começo você pega a carga mais pesada, mas, como o fardo de alimentos, você sabe que ela vai acabar! Pelo caminho, é claro, você só toma cuidado para não sair catando lixo. A meta é queimar sua alocação e depois gozar as delícias de viajar sem carregar peso.

Atritos kármicos comuns

As pessoas passam por alguns atritos psicológicos comuns ao longo da vida – atritos que chamam de estresse. O estresse é causado quando alguém tenta fazer o motor da vida funcionar sem lubrificação adequada. No entanto, algumas práticas básicas do yoga podem oferecer a lubrificação necessária à vida de todos.

Há níveis de atrito mais complexos quando a herança kármica não se encaixa bem no corpo físico – por exemplo, quando determinada herança kármica não encontra o tipo certo de útero. Também há vezes em que o corpo energético não se encaixa bem no corpo físico. (Por alguma razão, vejo mais pessoas assim na Costa Leste dos Estados Unidos do que na Costa Oeste, e mais na parte norte da Índia do que no sul. Isso pode estar ligado à natureza do território, ao tipo de memória guardada na geografia, ao ambiente geral ou a vários fatores históricos.)

A prática do hatha yoga ajuda a amaciar o corpo físico e todo o sistema (inclusive o sistema kármico) de modo a suavizar esses atritos. Depois da prática contínua de hatha yoga, quando fica simplesmente sentado, você não sente nenhum desconforto ou estresse. Agora, você pode sentar-se imóvel se quiser, além de ser capaz de negociar com o mundo externo com grande facilidade e capacidade.

Às vezes, por causa da educação, da tecnologia, de situações sociais alteradas ou de uma determinada competência adquirida, as pessoas conseguem atingir certo nível de bem-estar mesmo que sua situação kármica atual não o permita. Elas levam uma vida muito além de seu modelo kármico. Em resumo: elas foram colocadas em situações de vida muito melhores do que seu karma permite.

Nessas ocasiões, é muito importante se aprimorar. Senão, você acabará sofrendo com seu bem-estar! É uma mazela comum no mundo de hoje. O problema da maioria das pessoas não é a vida infernal, mas a vida paradisíaca demais! São as enfermidades do privilégio. O sistema das pessoas se confunde, porque as informações dentro delas dizem uma coisa, mas os eventos da vida dizem outra.

Há maneiras de abordar esse mal-estar. Aprender a viver com gratidão é importantíssimo, porque cria a atitude certa. Também é fundamental continuar aprimorando o próprio software, por assim dizer. Práticas de hatha yoga e kriyas diários podem ajudar imensamente você a se livrar de fardos kármicos, aprimorar seu sistema e ajustar seu software.

Todos esses sadhanas yóguicos ajudam a manter um estado interior intocado pelo exterior. Não importa se está num palácio ou numa cabana: você é a mesma pessoa. Onde quer que esteja, você faz a mesma coisa. Quando mantém essa equanimidade, você vê que as situações à sua volta vão ficando melhores. Mas, sem aprimoramento kármico, as antigas compulsões vão subjugá-lo. Elas vão empurrá-lo em direção a certas atmosferas e situações e não permitirão que você faça as pazes com a sua nova realidade.

SADHANA

Como já vimos, o karma se constrói sobre três níveis fundamentais: flutuações mentais, reações químicas e sensações. O corpo sensorial é a manifestação mais externa da mente inconsciente, a qual é dominada por uma biblioteca enorme de memória kármica, que se manifesta o tempo todo sem sua permissão. Por ser uma manifestação inconsciente, ela faz você parecer uma grande bagunça. Mas, se você torná-la consciente, ela pode oferecer informações muito úteis.

Dos 114 chakras (centros energéticos) do sistema humano, a substância kármica se concentra em torno de alguns específicos. Eles estão ligados a determinadas articulações e nodos do corpo. Depósitos químicos se acumulam neles com o tempo.

Você deve ter tentado alterar mentalmente certos hábitos simples, só para descobrir que, em poucos dias, volta a eles. Não é fácil sair das limitações kármicas sem abordá-las ao mesmo tempo nos níveis químico e fisiológico.

O hatha yoga é um modo de se livrar do karma com uma tomada de consciência plena, movendo e alongando o corpo de várias maneiras. Mas isso exige treinamento. Portanto, eis aqui uma prática simples que lhe permite passar do exterior ao interior, do corpo à mente: da sensação mais externa aos depósitos químicos dentro do corpo e à mente com seu modo fixo de pensar e agir.

Feche os olhos. Eleve sua mão à frente, no nível do rosto, e alongue suavemente os músculos da mão, sem necessariamente movê-la mecanicamente. Você notará muitas sensações. Observe as sensações o mais intensamente que puder. Alongue a mão inteiramente. Tome consciência da contração em todos os músculos da mão.

Se for capaz de notar as sensações mais minúsculas na mão, você estará pronto para fazer isso no corpo inteiro. Continue com os olhos fechados. Agora alongue todos os músculos do corpo e observe as sensações.

Não transforme isso num exercício mecânico. Permita-se fazer um movimento sutil, como uma dança, estendendo muito suavemente cada fibra do corpo e observando cada sensação.

Esse simples processo pode ajudar a liberar depósitos químicos que se acumularam no corpo com o tempo devido às muitas mudanças e flutuações de pensamento e emoção. Esse é um modo de liberá-los e, no processo, livrar-se também de depósitos kármicos. No processo, a própria maneira como você percebe e experiencia o mundo será alterada.

Além disso, é um bom jeito de começar a cultivar a tomada de consciência. Em geral, as pessoas habitam o corpo de maneira inconsciente. Só quando experienciam uma dor de dente ou nas costas tomam consciência súbita do corpo. No restante do tempo, embora esteja lá, o corpo é habitado de forma inconsciente. Assim, um dos modos mais simples de começar a cultivar a tomada de consciência é iniciar com o aspecto físico.

A consciência não para por aí; ela se aprofunda em várias outras dimensões. Mas começar com o corpo, que é um fator constante em sua vida, lhe oferece a oportunidade de treinar para manter essa consciência continuamente.

O karma e os elementos

Vimos na Primeira Parte que a memória elementar tem seu papel na hora de moldar o ser humano. Cinco elementos formam o sistema humano, o planeta, o sistema solar e todo o universo. Sem eles, não haveria criação.

Com apenas cinco elementos – terra, água, fogo, ar e éter –, pense na incrível diversidade da vida. Vemos milhões e milhões de manifestações à nossa volta, e não há dois indivíduos iguais. O que torna essa extraordinária diversidade possível? É o fato de os elementos serem extremamente receptivos e terem a capacidade de adquirir memória. Com o tempo, uma camada de informação – que poderíamos chamar de *substância kármica* – se acumula em cada um desses elementos. Sem essas camadas de informação específica, cada ser humano não seria tão absolutamente único. Portanto os elementos têm um papel importante na perpetuação do karma.

O yoga tem um sistema chamado *bhuta shuddhi* que consiste na purificação dos elementos de informações acumuladas, ou substância kármica. Os cinco elementos absorvem e retêm informações. Essas informações, naturalmente, criam intenção. Assim que tem uma intenção, você começa naturalmente a se mover numa direção específica. Ao purificar os elementos dessa camada de informação, o bhuta shuddhi é capaz de transformar o ser humano de forma milagrosa.

Toda prática yóguica – seja uma postura (asana) ou outras práticas de hatha yoga, um processo respiratório (pranayama) ou um kriya (uma ação interior) – na verdade é um modo de purificar os elementos dentro de nós. Mas também há um processo direto de bhuta shuddhi que é um modo muito poderoso de purificação. Ele não pode ser ensinado num livro, porque é um processo de transmissão, não de instrução. No entanto, é importante apresentar aos leitores a existência dessa possibilidade, porque esse é um dos processos mais eficazes de purificação interior.

Acredito que iniciei mais mulheres no processo do que já aconteceu no passado. Como a interação dos elementos é diferente entre os sexos – principalmente no que diz respeito a fogo e água, que são dominantes no sistema feminino –, o processo tradicional de bhuta shuddhi tem sido orientado para os homens. No entanto, com adaptações, podemos tornar a mesma possibilidade disponível para ambos os sexos. Acredito que isso seja necessário em nossa época para garantir que ninguém fique de fora do extraordinário potencial transformador desse processo.

O que torna esse processo significativo é que, com o passar do tempo, os elementos de seu sistema entram em consonância com suas intenções na vida. Eles começam a funcionar do jeito que você quer. Com o tempo, isso também terá algum impacto sobre os elementos à sua volta.

Os sistemas medicinais do Oriente – inclusive o Ayurveda e o Siddha – sempre se basearam na percepção de que não há dois seres humanos iguais. O modo como os elementos funcionam numa pessoa não é o mesmo em outra. Isso faz deles sistemas de medicina exclusivos, difíceis de padronizar. O médico receita de forma diferente para cada pessoa, porque o tratamento se baseia não na doença, mas na constituição do indivíduo. Cinco pessoas diferentes com os mesmos sintomas serão tratadas de modo diferente. Por trás disso, há um entendimento profundo dos elementos.

Muita gente (não necessariamente espiritualizada de alguma forma) deu um jeito de realizar o bhuta shuddhi inconscientemente. É possível encontrar no mundo pessoas que são líderes nos negócios, na política ou nas artes e que têm esta habilidade: quando entram numa sala, mudam a atmosfera à sua volta com sua mera presença. Isso acontece por causa de certa medida de bhuta shuddhi inconsciente. No entanto, o que é feito inconscientemente tem grande poder se feito conscientemente. Quando o bhuta shuddhi é feito com consciência, os elementos rearrumam de forma drástica o modo como funcionam dentro de você.

Na verdade, o bhuta shuddhi é o nível mais fundamental em que podemos purificar o karma. As pessoas podem decidir purificar a mente certa manhã tentando alterar as próprias atitudes, mas à tarde retornam aos velhos sulcos do pensamento. É por isso que o yoga não trabalha somente com a psicologia. É fato conhecido que a mente humana é notoriamente instável e dada a oscilações. O yoga põe mais fé na parte física.

No entanto, o bhuta shuddhi é um modo de abordar a própria raiz de seu karma – os padrões e predisposições que determinam a pessoa que você pensa que é. Se podar uma árvore, ela brotará de volta com força total. Mas, se arrancar a raiz, ela morre. Assim, o bhuta shuddhi busca uma transformação radical, não uma mudança superficial. Trata-se de abrir mão voluntariamente de seu apego compulsivo a tudo o que você criou – bom, mau, feio – para que a própria fonte da criação possa brilhar dentro de você.

SADHANA

O desempenho humano em qualquer esfera é sempre medido em comparação com o de outra pessoa. Se sua capacidade de perceber for melhor do que a de outra pessoa, você tem uma grande vantagem sobre ela. Afinal, se você aprimorar sua capacidade de percepção ou sua habilidade de *ver*, a eficácia de sua ação aumentará muito. Costumo dizer aos buscadores que a meta não é ver *alguma coisa*, mas simplesmente aprender a ver.

Para aprimorar essa habilidade perceptiva, você pode tentar uma prática simples chamada Akashi Mudra. Essa prática pode ser feita principalmente nas ocasiões em que você sente que precisa estar em sua melhor forma ou atuar com competência ideal.

Há um ponto de convergência em seu corpo energético que se estende além do corpo físico. Visualize o ponto que fica a uns 43 a 48 centímetros de distância a partir do ponto entre as sobrancelhas num ângulo preciso de 11 graus para cima. Encontrar esse ponto de convergência revigora dentro de você o *akasha*, ou elemento etérico. Assim que o elemento akasha estiver dominante, você verá que a clareza de sua percepção é imensamente aprimorada.

Minimizando a memória física

Na Primeira Parte, examinamos a natureza insidiosa da memória física ou runanubandha, que é inevitável e vital para a sobrevivência humana, mas, além de certo ponto, pode se tornar uma fonte de aprisionamento. Numa única vida, o volume de memória física aumenta enormemente.

A razão é que as pessoas não sabem controlar e minimizar o runanubandha no sistema.

É por isso que as tradições fixaram uma certa estabilidade através de normas e práticas – seja em termos de ter um único parceiro, seja algo tão simples como não aceitar comida nem água na casa de desconhecidos, qualquer que seja sua classe ou casta. Nos lares tradicionais da Índia, as pessoas não aceitavam sal, limão nem sementes de gergelim da mão dos outros. Essas substâncias são transportadoras muito eficazes de memória. A premissa era que o corpo recorda qualquer tipo de intimidade – não só com outro corpo físico, mas com qualquer substância física. Algumas substâncias eram consideradas condutoras mais eficazes de memória do que outras. Pela mesma razão, no sistema yóguico, pedia-se aos adeptos de certas práticas que aplicassem pasta de sândalo ou cúrcuma no corpo. Outros passavam terra; outros, ainda, cinzas dos locais de cremação.

Isso não se deve a mera cerimônia e superstição. Hoje, a ciência forense se desenvolveu a ponto de ser possível dizer, por imagens termais, exatamente quem se sentou num lugar 72 horas antes. A temperatura do corpo realmente deixa uma impressão térmica. Os cães sempre foram capazes de rastrear pessoas por meio de pistas olfativas. A ciência canina é antiga e avançada!

Na verdade, todo toque deixa uma impressão kármica. A maioria das pessoas não tem consciência disso, mas essa impressão permanece num nível sutil. Uma das áreas mais sensíveis do corpo são as mãos. Com o toque das mãos, o runanubandha é efetivamente transmitido de uma pessoa a outra.

Dar as mãos é considerado um gesto íntimo por essa razão. Esse simples ato pode deixar duas pessoas ainda mais íntimas do que a atividade sexual. Quando a sexualidade é soberana, a necessidade de explorar o corpo do outro será soberana. Quando você se sente muito próximo de alguém, em geral parece adequado ficarem simplesmente sentados de mãos dadas.

É por isso que a tradição indiana desenvolveu o gesto do *namaskar*: as mãos unidas diante da pessoa em saudação, ao cumprimentar quem você encontra, em vez de beijar, abraçar ou apertar as mãos. A meta era não atulhar seu sistema com conexões físicas demais.

O namaskar é uma bela saudação porque é um reconhecimento profundamente respeitoso da fonte da criação dentro do outro. Se olhar o corpo ou a personalidade de uma pessoa, você pode gostar dela ou não. Isso significa que um padrão kármico de anseio e repulsão é posto em movimento. Mas, quando se curva à fonte da criação dentro de alguém – que é a mesma fonte que pulsa dentro de você –, isso significa que você reconhece a divindade inerente em comum. Você também garante que não vai se emaranhar com mais um corpo por meio de um contato físico supérfluo.

A prática de tocar os pés do guru surgiu do mesmo entendimento. Como as mãos, a sola dos pés é extremamente sensível. Pelo toque nos pés, a energia do guru pode ser transmitida ao discípulo. Existe toda uma ciência em torno de como tocar os pés do guru para assegurar o máximo benefício. (Felizmente para mim, a maioria não conhece direito a ciência! Embora muitos indianos se joguem a meus pés, em geral eles não vão além de um gesto simbólico.)

Há vários outros sistemas de purificação que usam o poder purificador dos elementos. Em minha vida, quando estava envolvido em práticas de yoga muito intensas, eu tomava de cinco a sete chuveiradas por dia. Quando seu sistema fica muito sensível, você se torna consciente do impacto de cada contato físico com seu corpo – da mão que você toca à almofada em que se encosta. Tradicionalmente, os yogis dão um mergulho no rio pelo menos duas vezes por dia. A água corrente pode ajudar a apagar grande parte do runanubandha.

É interessante que a natureza ofereça maneiras naturais de purificar os ciclos kármicos. Em certas épocas do ano, em partes do hemisfério norte, por exemplo (em julho e dezembro-janeiro), os elementos do ar e da água são especialmente fortes e fluidos. Isso permite purificar-se sem esforço. Os ciclos kármicos que se tornaram entranhados podem ser descartados quando a pessoa simplesmente permite que os elementos externos trabalhem sobre ela. Eis um bhuta shuddhi sem esforço, que acontece de graça!

Em certas épocas, ficar apenas parado no vento pode fazer maravilhas como processo de purificação. Se experimentar ficar em pé no vento forte durante meia hora, você logo aprenderá o que um bom "banho de ar" pode fazer! Ele vai deixá-lo se sentindo muito mais leve e rejuvenescido.

Essas são épocas em que a graça está naturalmente a seu lado. Aproveitar essa oportunidade pode ser muito benéfico para quem está preso em ciclos kármicos pequenos. Essa é a hora certa de se libertar de pequenos hábitos ou incômodos de sua vida, e ver cada dia como uma oportunidade maravilhosa de pisar em terreno desconhecido.

Tradicionalmente, o fogo também era usado como meio de purificação. O "banho de fogo" é usado até hoje em muitos lares como um modo de mandar a negatividade embora. Essa sensibilidade se desenvolveu porque toda a tradição era orientada a desentulhar o sistema das impressões recolhidas pela exposição aleatória a pessoas, situações e atmosferas.

Até hoje, no Centro de Yoga Isha, os monges lavam suas roupas separadamente. Misturar as roupas na máquina de lavar seria mais fácil, mas isso não é feito porque cada um está num nível diferente de realização espiritual.

Também é essa a razão pela qual os monges do Oriente usam tradicionalmente roupas cor de terra. Eles usam uma argila vermelha finamente peneirada para lavar as roupas porque isso assegura que o único runanubandha real que você mantém é com a terra, não com as pessoas à sua volta. Esse é um testemunho palpável de sua conexão com o planeta, um lembrete de onde vem o corpo e para onde acabará indo.

As velhas canções e poemas do Oriente, desde as antigas letras de amor às canções populares do cinema, exaltam vidas – *janam janam* (vida após vida) – de união, não meramente por motivos românticos. A continuidade e a estabilidade eram valorizadas porque asseguravam uma base firme e confiável para a vida, a partir da qual você poderia aspirar ao supremo. O casamento não era só um romancezinho de duas pessoas e seu pequeno grupo familiar. Era sobre duas pessoas que se uniam para a libertação suprema. É por isso que tantas tradições veem o casamento como um sacramento. No ritual hinduísta tradicional, os mantras entoados enquanto o casal contorna o fogo sagrado falam da consagração do relacionamento e da energia de duas pessoas para que ambas possam crescer juntas até sua suprema possibilidade.

Hoje, no Isha, realizamos o chamado *bhuta shuddhi vivaha*. É um casamento que visa provocar uma coesão elementar entre duas pessoas. Num mundo em que os casais veem os relacionamentos cada vez mais como um trabalho árduo – nos quais o amor virou trabalho –, esse tipo de casamento cria harmonia no nível mais fundamental possível, tornando-o uma parceria mais graciosa e lubrificada.

Quando se consegue alcançar certa estabilidade nas relações físicas, genéticas, emocionais e sociais, a vida humana individual pode crescer até seu ponto máximo. Quando há instabilidade, a memória física se confunde e, com o tempo, pode criar desequilíbrios psicológicos e fisiológicos graves. Se sua meta suprema é a libertação, se sua aspiração suprema é evoluir rumo a uma possibilidade divina, essa estabilidade lhe oferece uma base inabalável a partir da qual você pode se expandir rumo ao seu destino final.

SADHANA

O mundo físico é um produto de polaridades: masculino e feminino, yin e yang, *ida* e *pingala*, Shiva e Shakti, hemisférios direito e esquerdo do cérebro. O anseio de encontrar a união das polaridades encontra expressão na ambição, na conquista, no amor, no sexo e no yoga.

Como todos sabemos, *yoga* significa união. A forma mais simples de yoga é juntar as mãos em *namaskar*. Fazer um namaskar traz harmonia entre as duas polaridades dentro de você. Experimente juntar as mãos, unindo as palmas de maneira bem alinhada, e olhar algo ou alguém com atenção amorosa. Em três a cinco minutos, você começará a se harmonizar.

Encontre a paz fazendo um namaskar. Encontre o amor fazendo um namaskar. Encontre a união fazendo um namaskar. Vamos juntar nossas mãos e unir o mundo. Que você desdobre seu ser com as mãos unidas.

Espiritualidade e avanço rápido do karma

Quando busca conscientemente libertar-se do karma por meio de uma prática espiritual, você essencialmente entra num modo de avanço rápido. Quando remexe sua vida interior, certas dimensões do seu karma vêm à tona. Nessas situações, é possível experienciar dor ou desconforto intensos. É claro que isso pode significar que você contraiu alguma enfermidade. Mas, com frequência, é apenas seu karma passado emergindo e se manifestando de um modo ou de outro.

O grande objetivo do processo espiritual é assumir uma carga kármica maior do que a que lhe foi alocada para eliminá-la o máximo possível. Significa que você não quer repetir os mesmos ciclos várias e várias vezes. Assim, se estiver num processo espiritual ativo, você pode perceber que tudo se move num ritmo enlouquecedor. Os problemas físicos que o incomodam de seis em seis meses agora vêm de seis em seis horas! Isso acontece só porque você escolheu resolver seu karma o mais cedo possível. Você está escolhendo não levar uma vida higienizada que vê a espiritualidade como mera placidez.

Se seu karma se desenrolasse lentamente, é provável que criasse pequenas dores espaçadas num longo período de tempo. Mas o avanço rápido do karma costuma significar que você pode experienciar uma dor intensa, porém breve. Muita gente se torna menos viva e menos alegre, fica com a vida mais lenta e mais apática, porque experiencia uma dor fraca e prolongada. Uma jornada espiritual simplesmente acelera o processo, e o que poderia se estender por três meses ou um ano acontece em poucos minutos.

É importante permitir que esse processo de avanço rápido do karma aconteça. Não o suprima. É mais sábio deixar seu corpo físico queimar seu Karma Alocado o mais cedo possível. A base do hatha yoga é apenas esta: você aprende a lidar com a dor do mesmo modo que lida com o prazer. Se aprender isso, você alcançará uma equanimidade que o levará além da turbulência do processo kármico.

No yoga, a prática do kriya geralmente apressa o processo kármico sem interferir nele. Mas, quando põe substâncias químicas no sistema, você cria outro karma pelo qual pagará um preço no futuro.

As pessoas que são meditativas experienciarão níveis profundos de alegria. Mas isso também as abre para níveis profundos de dor. Contudo, essa dor é de curta duração, porque seu nível mais elevado de tomada de consciência lhes permite resolvê-la mais depressa. Quando você entra em níveis mais profundos de meditação, se der um único passo errado, o efeito se manifestará imediatamente, e você terá que corrigi-lo. Mas, para a pessoa que vive com relativa inconsciência, o processo pode ser lento, mas muito mais profundo. O que leva uma vida inteira pode acabar no mesmo dia para a pessoa espiritualmente consciente, porque ela toma medidas corretivas de imediato.

Se você se torna meditativo e ainda leva consigo negatividade, seus karmas negativos se tornam mil vezes mais poderosos, porque você ficou igualmente mais sensível e receptivo. Suponha que você cultive o solo e o enriqueça com esterco. A plantação crescerá bem, mas o mesmo esterco também permitirá o crescimento de ervas daninhas. Do mesmo modo, quando você cultiva um estado meditativo e permite que as emoções negativas floresçam, o sofrimento interior aumenta drasticamente. É importante ser muito meticuloso na hora de arrancar as ervas daninhas quando estiver nesse estado, senão você ficará com uma floresta de mato e nenhuma colheita!

A razão pela qual as pessoas que estão no caminho espiritual têm uma rotina de prática diária é só esta: assegurar que a estagnação kármica não aconteça. Talvez você já tenha notado que, se tiver uma prática diária e a suspender por seis meses, muitas questões recorrentes – físicas, psicológicas e sociais – que não o incomodaram por algum tempo retornarão. É assim que funciona o ciclo kármico. Você pode ter acreditado que tinha se transformado, mas de repente vê todo tipo de comportamento compulsivo voltando com força redobrada. Só a prática ou sadhana ajuda a romper o movimento cíclico da vida.

◇◇◇

OITO

O karma yoga e o corpo mental

SUTRA Nº 8

Se você experienciar este momento uma única vez,
nunca será capaz de ficar fora dele.

Mergulhando no presente

No mundo moderno dominado pelo intelecto, a mente é muito mais dominante do que já foi. O corpo já não é a presença mais poderosa em nossa vida. Numa era de realidade virtual em que é possível viver quase inteiramente no ciberespaço, às vezes as pessoas mal têm consciência de que possuem um corpo!

No entanto, se formos capazes de usar a mente para alterar nosso ponto de vista, podemos fazer uma mudança de paradigma capaz de criar a atmosfera certa para a jornada mais profunda rumo à libertação.

Esse não é um convite para uma nova filosofia. Como guru, não estou interessado em oferecer conselhos espirituais. Não há nada de novo a acrescentar na torrente de ensinamentos espirituais de que somos herdeiros. O que ofereço é um caminho, um processo vivo. Sua transmissão é melhor num programa ao vivo num ambiente controlado. Mas, mesmo por meio de um livro, uma mudança significativa pode ocorrer se o leitor estiver disposto e no estado correto de abertura. O que se segue é um convite a uma sabedoria viva. Um convite a descartar volumes imensos de bagagem kármica para podermos nos tornar receptivos à graça.

Agora, os seres humanos, como todos sabemos, vivenciam o tempo em três dimensões diferentes: passado, presente e futuro. Nossa vida e nossa linguagem se estruturam em torno disso.

Mas vamos examinar isso com novos olhos.

Na realidade, tudo o que você chama de passado só existe como memória. Você percebe isso? Todos os acontecimentos da vida que moldaram você; todo o trabalho que você já realizou; todo o dinheiro em sua conta bancária; todas as férias que já tirou; todas as conversas e discussões que já teve; todos os relacionamentos de amor, ódio e indiferença; todas as amizades e inimizades que já alimentou; todos os livros que leu e filmes a que assistiu; todas as escrituras que leu – tudo isso só existe na sua memória.

Do mesmo modo, tudo que você chama de futuro só existe como imaginação. Tudo que lhe desperta anseio e temor – a casa dos sonhos; o cônjuge perfeito; o bebê; a promoção; o aumento de salário; a casa na praia; os elogios que acha que merece; todas as doenças horríveis que poderia contrair; todos os acidentes terríveis que poderiam acontecer com as pessoas que você ama; todas as maneiras pavorosas de perder seu dinheiro, sua propriedade, sua família, sua vida; todos os jeitos apocalípticos em que este planeta encontraria seu fim – tudo isso só existe na sua imaginação.

Portanto, estas são as *duas únicas causas* de sofrimento agora: sua memória e sua imaginação. Nada mais. Tanto a memória quanto a imaginação só existem na sua mente. São aspectos da sua realidade psicológica; não têm *nada* a ver com a realidade existencial.

Pare um momento e se pergunte: quando não estou perdido nessas construções mentais da memória e da imaginação, onde estou?

Só pode haver uma resposta: no presente.

O presente não é um credo, uma questão de fé. É uma realidade. Você não tem que *tentar* estar no momento. O presente não é uma ideia. E o fato é que você não precisa tentar estar nele. Você *está* no momento. *Não há outro lugar onde estar*. Existencialmente, essa é a única verdade. Só que você não está disponível para ela.

Será que isso significa que você deveria abandonar sua memória e sua imaginação?

É claro que não. De qualquer modo, não desejamos destruir o karma, porque ele é a cola que torna nossa realidade física e psicológica possível. No entanto, desejamos transcendê-lo quando assim escolhermos. Isso significa entender um simples fato: sua individualidade é inteiramente inventada. É uma criação sua.

Seu karma lhe permite reunir uma certa quantidade de vida. O que você chama de "eu" é simplesmente o nome que dá ao volume de vida que capturou. Mas, se eliminarmos todas as impressões psicológicas, você não existirá como pessoa. Existirá como vida pura. Existencialmente, você é vida em sua essência. Nesse estado essencial e não manifesto, você é completamente livre do tempo e completamente livre de karma. É livre da morte, indestrutível, eterno.

E o que resta quando o mito da individualidade é estilhaçado?

Você simplesmente alcança o fim do tempo cíclico.

Este momento contém um número infinito de possibilidades. Você pode destruir toda a sua estrutura psicológica e criar uma nova neste mesmo instante. Ou pode parar de criar inteiramente e existir como vida pura e sem forma. Isso significa que você terá escolhido a liberdade em vez da forma, a atemporalidade em vez da temporalidade, o momento presente em vez do tempo cíclico.

Pense nisto. Seu entendimento do tempo é essencialmente cíclico. O planeta gira uma vez; você chama isso de dia. A Lua gira em torno do planeta; você chama de mês. O planeta gira em torno do Sol; você proclama que é um ano. Tudo que é físico é cíclico. No Oriente, o mundo dos ciclos se chama samsara. Quando falamos de transcender o karma, em essência estamos pensando em como transcender os ciclos do samsara.

Depois de romper o ciclo, não há mais "você" e "eu". Afinal, a individualidade só existe no tempo e no espaço. No momento em que ultrapassamos os limites do tempo e do espaço, da memória e da imaginação, não há "nós" e "eles". Não há "aqui" e "lá". Não há "ontem" nem "amanhã". Só há este momento, e este momento é a eternidade.

Meu celular tem vontade própria. Ele organiza meus horários; prevê a próxima palavra que vou usar. Não é muito diferente do meu corpo, só que meu corpo é uma tecnologia mais sofisticada do que meu telefone. Adquiri meu celular um ano atrás; adquiri meu corpo há mais de seis décadas. Sou separado dos dois. A tragédia é que nos tornamos tão identificados com nosso corpo (e nosso celular!) que acreditamos que a vida sem eles é a morte.

Pessoas do mundo todo olham o cosmo inteiro em seus aparelhos. Mas, no fim do dia, tudo o que olharam foi uma tela!

Do mesmo modo, por ter adquirido um corpo e uma mente, você imagina que vai para todos os lugares. Mas, no fim da vida, você se dá conta de que só estava olhando sua projeção: a tela do celular da mente. É como ser rudemente jogado de volta à realidade depois de um filme, quando as luzes se acendem. Você não se mexeu um centímetro; só ficou rodando e rodando exatamente no mesmo lugar!

A mente pode criar um cosmo próprio, mas tudo nela é uma projeção criada por você mesmo. Você começou a acreditar que toda projeção é uma criação por mérito próprio. Não é.

Você só tem noção de tempo e espaço porque olha tudo através do prisma de seu Karma Acumulado. Mas, se for além do pensamento, da emoção, do seu corpo, e se você experienciar este momento uma única vez, nunca será capaz de ficar fora dele.

Essa realidade física que você conhece corresponde a muito menos do que um 1% do universo. Nem o planeta é para sempre; ele é uma bola de lama irrelevante no esquema mais amplo das coisas. Você é uma partícula superminúscula nisso tudo. Mas se esquece disso e finge que pode criar todo um universo com base nos poucos dados que reuniu.

E então você se vê como um indivíduo em oposição ao mundo. Você acha que o universo está tentando esmagar seu mundo. Mas ele só está tentando esmagar algo que não existe! A criação simplesmente está lembrando que você está tomando o virtual por real. É a magnanimidade da criação que lhe permite uma experiência de individualidade, embora na verdade você não tenha nada que possa chamar de seu.

É claro que você pode se divertir com o jogo da individualidade e a dança da dualidade. Não quero desacreditar sua experiência vivida de modo nenhum. Mas quero lembrá-lo de que isso é um jogo – e um jogo criado por você. Vá em frente e divirta-se, se isso o atrai. Só não leve demasiado a sério, só isso!

Este momento é inevitável

Como tudo isso leva a uma mudança de paradigma?

Assim.

Como vimos, este momento é tudo o que existe. Aceitar isso não é uma fórmula. Não é uma teoria. Significa enxergar a realidade como ela é. Significa se alinhar com o modo como as coisas são, não como você acha que deveriam ser.

Assim que aceita que este momento é tudo que existe, você vê que *este momento é inevitável.* Ele não pode ser de outro jeito.

Não tente criar conhecimento a partir disso. Não filosofe. Não diga: "Sim, todos os momentos são inevitáveis."

Não é o que estou dizendo. Não são todos os momentos que são inevitáveis. Só *este* momento é inevitável.

Você percebe a diferença?

A inevitabilidade deste momento é o único ponto estável do tempo – o fulcro sobre o qual repousa toda a criação física.

Se estiver consciente, só há um lugar onde você poderá estar.

Agora.

Fique com a consciência momento a momento. Agora responda a esta simples pergunta: o momento seguinte é inevitável?

Não.

Se está conscientemente neste momento, você vê que só este momento é inevitável.

O momento seguinte?

É um milhão de possibilidades.

Se está consciente, você se torna uma aceitação positiva e dinâmica deste momento. A felicidade buscada é a ambiência natural onde você viverá. Não há outro modo de ser, porque a felicidade não é uma ocasião, uma meta, um destino. A felicidade é só seu estado constante de existência. E esse é o fim do sofrimento.

Este momento, portanto, é o único portal, tanto para a criação quanto para a própria fonte da criação. O resto é só alucinação. Suas ideias de passado e futuro são inteiramente delirantes. Ao aceitar conscientemente este momento como ele é, você chega a uma certa tranquilidade dentro de si. A tranquilidade é consequência do relaxamento de tudo que você criou. Em troca, você pode experienciar toda a existência como você mesmo. Tudo se torna parte de você, assim como a criação, por sua própria natureza, existe como um todo único. Conhecer essa experiência é yoga, ou a união suprema.

A maioria das pessoas não sabe estar à vontade. A inquietação domina a vida delas; estão sempre tentando chegar a outro lugar. Mas o fato é: *você não pode ir para outro lugar.*

Na sua mente, você pode ir a um milhão de lugares. Pode viver numa sensação permanente de estar em outro lugar, se assim escolher. Mas, *no momento em que toma consciência, você está no presente.* Aonde quer que vá, o que quer que faça, você só pode estar neste momento. Faça o que fizer, só pode estar neste momento. Você pode pensar sobre o ontem; pode pensar sobre o amanhã; pode pensar no que virá daqui a 1 milhão de anos. Mas ainda assim só pode fazê-lo neste momento.

Isso significa que você não deva fazer planos nem recordar o passado?

De jeito nenhum. Não há nada errado em usar as faculdades da memória e da imaginação. Elas são essenciais para a nossa sobrevivência. Aprendemos com nossa história e, certamente, precisamos planejar o futuro. Mas há uma diferença entre usar a mente e ser usado por ela.

Está na hora de parar de ser dominado por uma alucinação, parar de ser tiranizado por um sonho.

Agora, assim que aceita alguma coisa, você assume essa coisa. O que você aceita se torna uma parte de você. O que você não aceita fica de fora, como um enorme obstáculo.

Na universidade, tive um colega que entrou para o Corpo Nacional de Cadetes da Índia. Disseram-lhe que o treinamento paramilitar lhe daria bons exercícios e boa comida. Alguns meses depois, ele foi levado a um quartel simulado e encarregado de ficar de sentinela. Tinha que carregar um pesado fuzil Lee-Enfield 303 enquanto andava de um lado para o outro perto do portão durante seis horas por dia. Era um rapaz magro que simplesmente não conseguia carregar o fuzil. Sentia que o braço ia cair.

Ele se queixou ao comandante:

– Senhor, não consigo carregar o fuzil. É pesado demais para mim. Por favor, me dê outra tarefa. Não consigo ser sentinela.

O comandante simplesmente olhou para ele.

O rapaz pediu menos.

– Ou me deixe usar uma vara em vez do fuzil – implorou o garoto. – O fuzil é pesado demais, e nem tem gatilho! De qualquer modo, nenhum inimigo virá realmente atacar. Deixe-me usar uma vara.

O comandante não disse nada.

– Senhor, por favor – implorou o rapaz.

O comandante estendeu a mão e o pegou pela camisa.

– Está vendo isso? É uma farda. Quando veste a farda, você é um soldado. Por que está *carregando* um fuzil? Ele é uma parte de você.

Essa afirmação teve um impacto profundo no rapaz. Seis horas depois, até os rapazes mais fortes queriam largar o fuzil. Mas de repente esse garoto não tinha nenhum problema. Simplesmente não conseguia largá-lo. A arma se tornara parte dele!

Sempre que a dor entra em sua vida, você tende a perguntar: "Por que eu? Nem minha sogra teve isso! De todas as pessoas do mundo, por que *eu*?"

Mas, assim que aceita alguma coisa, ela se torna parte de você.

Mesmo por um momento, se aceitar algo como parte de si, você alcança uma profunda sensação de harmonia. Você está afinado com a vida. Quando sua aceitação é total, você pode experienciar a totalidade da existência como parte de si.

A existência pode mesmo se tornar uma parte de você?

Agora, isso parece logicamente impossível. *É* logicamente impossível, mas é a verdade.

Assim como você faz parte da existência, a existência também faz parte de você. Assim como a gota faz parte do oceano, o oceano também faz parte da gota. Isso é porque o tempo e o espaço não são absolutos; eles podem se alongar e se contrair também. O yoga sempre afirmou que é possível pôr a totalidade da criação numa semente de mostarda! A física moderna confirma que o tempo e o espaço não são o que pensávamos que eram. Assim, depois de transcender as limitações da sua lógica, você também transcende as limitações do tempo e do espaço. Se você se tornar aceitação absoluta, então tudo, passado, presente, futuro, é *aqui e agora*.

Isso é algum tipo de mágica?

Não, é a realidade, a mágica mais espetacular da criação.

Aceitar este momento não é uma fórmula nem um conceito. É a própria base da criação. É no colo deste momento que a criação está acontecendo. Você só precisa aceitar este momento em sua totalidade. Uma resposta sem inibições a ele, com tudo que você é – em pensamento, emoção e a própria vida que você é –, o leva a uma realidade abençoada: a própria fonte da criação.

Depois de ter vindo a este planeta como ser humano, se você não experienciar sua universalidade – a incrível possibilidade implícita neste momento –, sua forma humana terá sido desperdiçada. Para meramente comer, dormir, se reproduzir e morrer, você não precisa do corpo, da mente e da consciência sofisticados que recebeu de presente. Se esse presente tremendo não for explorado, será uma vergonha terrível.

A complexidade do condicionamento

O que impede os seres humanos de descobrir o potencial profundamente transformador do momento presente?

A resposta é simples: a mente errante.

A mente humana é um mecanismo infinitamente complexo. Se você buscar se libertar do karma, é importante ter algum entendimento de como esse elaborado mecanismo funciona. Essa máquina complicadíssima é necessária para a sua sobrevivência física. No entanto, muitas vezes ela pode se tornar uma barreira a nosso anseio por liberdade.

Como vimos, você pode discutir a liberdade interminavelmente, mas não existe liberdade quando o próprio modo como você pensa, sente e percebe a vida está condicionado por sua experiência passada. Desde o dia em que você nasceu, seus pais, sua família, sua cultura, sua religião, sua educação e seu contexto social atuaram sobre você, determinando quem você é agora. Portanto, sua mente está profundamente condicionada por seu passado.

Esse condicionamento é o que chamamos de karma. Todo o seu volume de ações passadas, realizadas conscientemente ou não, moldou a pessoa que você é hoje. Isso tem um controle tão forte sobre você que o livre-arbítrio nem entra em questão. A própria maneira como você vê o mundo é determinada por sua lente kármica. Vejamos o mecanismo mental que cria seu karma.

Gautama, o Buda, grande cientista da mente humana, fala de quatro aspectos da mente: *vinyana* (cognição), *sanya* (reconhecimento), *vedana* (sensação) e *sankara* (reação).

Agora, suponhamos que um som chegue a seus ouvidos. Ele entra no primeiro aspecto de sua mente. Vinyana faz a cognição de que é um som, não um cheiro, sabor ou imagem. Sanya reconhece o som: é uma pessoa falando, um passarinho chilreando, um motor de automóvel, e assim por diante. Como esse reconhecimento ocorre? Todo som que você já ouviu foi gravado, e existe uma vasta biblioteca de sons dentro de você. Sem uma impressão passada, não há possibilidade de reconhecimento. Se, por exemplo, você ouvir o som de um pica-pau pela primeira vez, sua mente ficará confusa. Mas, dez dias depois, se o ouvir de novo, sanya o reconhecerá imediatamente.

Se houver alguns jovens na casa ao lado ouvindo heavy metal, você pode entrar em êxtase, mas seu avô terá um colapso nervoso! O mesmo som cria uma sensação agradável numa pessoa e deixa a outra maluca. Agora, se você reconhecer o som, vedana entra em ação e produz uma sensação. Ao reconhecê-lo como música, sensações agradáveis surgirão; ao reconhecê-lo como ruído, sensações desagradáveis surgirão. Não é o som em si, mas o modo como está gravado em você que o faz ser reconhecido como agradável ou desagradável. Assim, o próprio modo como você experiencia a vida – se a vê como doce ou amarga, bela ou feia, agradável ou desagradável – é *responsabilidade sua*, pois é sua habilidade de responder que determina a natureza da sua experiência.

Você é um ser sensorial. Toda a sua experiência de vida é uma certa sensação. Quando não experiencia uma certa sensação, você nem sabe que essa parte de seu corpo existe. Quando suas pernas ficam dormentes por alguns instantes, você nem tem certeza de que elas existam. É vedana que lhe recorda que você existe lhe oferecendo a experiência da sensação. O modo como você reconhece as informações sensoriais é o modo como experiencia a vida. Vinyana, sanya e vedana – cognição, reconhecimento e sensação – são automáticos e ocorrem numa fração de segundo.

No entanto, a quarta parte da mente se relaciona com a reação e está inteiramente sob seu controle consciente. Quando uma sensação agradável surge e você diz que a ama, seu sankara imediatamente diz: "Ah, ele ama isso. Guarde no saco do amor." Agora isso vai ficar guardado para sempre em seu saco do amor. Quando uma sensação desagradável surge e você sente intensamente "odeio isso", o sankara imediatamente diz: "Ele odeia isso. Guarde no saco do ódio." Então, isso fica para sempre guardado no saco do ódio. Se você oscila entre anseio e repulsão, amor e ódio, seu karma cresce num ritmo rápido; seu aprisionamento está se intensificando. Se você tem gostos e aversões fortes, seu sofrimento também é mais intenso.

Mas outro cenário também é possível. Quando uma sensação surge, você tem a escolha de reagir ou não. A partir do momento em que é capaz de exercer essa escolha, você simplesmente experiencia a sensação pelo que ela é. Ao gerar uma reação forte, você distorce a experiência. Mas, ao permanecer equânime, o karma ligado a esse tipo de sensação começará a ruir dentro de você.

Com equanimidade, toda a sua estrutura do karma começa a desmoronar. Para isso, você só precisa estar disposto a experienciar tudo como é. Você não evita nem persegue a experiência. Você simplesmente se abre para desfrutar os diversos sabores da vida sem ir atrás de um nem fugir do outro.

Não é esta a razão de sua estadia neste planeta? Experienciar o máximo possível da vida antes de cair morto?

Portanto, comece com esta percepção profunda: *este momento é inevitável.*

Em outras palavras, permita que esta simples verdade se infiltre em você: *minha habilidade de responder é ilimitada.*

Se tiver consciência dessa verdade, você verá que muito do que parece restringi-lo neste momento desaparecerá em apenas 24 horas! Estar consciente por apenas três minutos já lhe permitirá ver uma diferença imediata. Assim que for capaz de manter firmemente essa consciência, você descobrirá que, com o passar do tempo, não haverá diferença entre você e um Buda.

À medida que a sua aceitação se aprofunda, você também acessa níveis cada vez mais altos de liberdade. A aceitação é estar livre do jogo da culpa, livre do drama do "eu contra eles", livre da dança da dualidade. Só há você neste momento, e mais ninguém. Portanto, quem você poderia culpar?

Mas, quando continua a resistir, você cria níveis mais profundos de aprisionamento. Ver que sua habilidade de responder não tem limites é importantíssimo, porque essa habilidade vai muito além de seu nível atual de compreensão e percepção.

Agora, no momento em que as pessoas ouvem que têm a habilidade de responder até mesmo a eventos que aconteceram antes que nascessem, elas tendem a desdenhar isso como algo sem sentido: "Sou responsável por coisas que aconteceram antes do meu nascimento? Isso é um absurdo! Isso ultrapassa os limites da lógica!"

Mas vamos olhar as coisas de outro modo.

Suponhamos que meu avô tenha emprestado 25 milhões de dólares ao seu avô. Hoje, leio o diário do meu avô e vejo que ele registrou claramente essa transação num dia específico. Meu avô morreu três dias depois do empréstimo, e portanto a quantia nunca foi paga.

Tenho a prova da transação. Assim, vou até você e digo: "Meu avô emprestou essa quantia a seu avô antes que nós ou nossos pais nascessem. Tenho a prova. Como somos amigos, abrirei mão dos juros. Mas, por favor, pague o valor principal."

O que você diria?

É óbvio que diria: "Quanta bobagem! Por que sou responsável por algo que aconteceu antes de eu nascer? Vá pedir ao meu avô!"

Mas digamos que a situação se invertesse. Estou aqui aproveitando minha propriedade, mas hoje você descobre uns documentos antigos que dizem claramente que esta propriedade pertence a seu avô. O que você faria? Como agiria? Entraria imediatamente em contato com seus advogados, não é?

Se seu avô enriqueceu ou obteve propriedades antes de você nascer, você claramente deveria assumir a responsabilidade por isso. Mas, se fez um empréstimo, é claro que você não é responsável!

Esse é um antigo jogo social: cara, eu ganho; coroa, você perde.

O fato é que sua responsabilidade – quer você goste disso ou não, quer saiba disso ou não – vai muito além de seu nível atual de compreensão. Ao aceitar esse fato, sua vida naturalmente chega a uma certa serenidade e harmonia. Quanto mais começa a ver que é responsável pela sua própria vida, mais perto você chega da libertação. E se tentar passar a batata quente para alguém, começará a caminhar na direção de seu emaranhamento.

Digamos que você esteja andando numa rua e um transeunte pise no seu pé e o frature. Você sente muita dor e o responsabiliza por isso. Quando responsabiliza alguém pela sua dor, você tende a desejar o mesmo à pessoa. Por outro lado, se for capaz de pensar "o que aconteceu foi infeliz, mas se meu pé está quebrado, é meu karma", você agirá de forma responsável em vez de desperdiçar tempo e energia reclamando, amaldiçoando sua sorte ou planejando sua vingança.

Qual é o modo mais inteligente de existir?

Não cometa o erro de pensar que karma é fatalismo. Reconhecer o karma significa que você vê que sua vida é uma obra 100% sua. Ao entender isso, você criará sua vida do jeito que quiser, em vez de ficar sentado se sentindo indefeso, amaldiçoando os genes de seus pais ou circunstâncias atuais. Ver sua vida como uma criação sua e não como um fenômeno acidental: essa é a base do karma. Essa é a vida empoderada que naturalmente caminha na direção da libertação.

SADHANA

Em sua maioria, os seres humanos não percebem o enorme poder de criatividade com que foram dotados. Isso porque a maior parte de suas criações é determinada por sua compulsividade, não por sua liberdade. Tudo que for criado pela limitação será limitado. Mas, se você considerar ilimitada sua habilidade de responder, o poder de criar é superaprimorado.

Eis algo que você pode tentar por conta própria. Ao abandonar completamente sua autoimagem, você se verá num estado de grande liberdade. Agora você tem o poder de viver sem nenhuma autoimagem. Também tem o poder de transformar completamente sua imagem. Basicamente, você pode escolher uma imagem e abandoná-la sempre que quiser. Seja como for, nada grudará em você.

Não lhe direi como você deveria ser. Mas pare agora e crie-se de novo em sua mente. Comece com a estrutura esquelética. Aos poucos, passe para a carne e o sangue.

Feche os olhos e visualize como você gostaria que os outros o experienciassem. Como gostaria que fosse a natureza fundamental de seu pensamento e de sua emoção? Que tipo de impacto você gostaria de causar no mundo?

Crie um ser completamente novo.

Então veja se essa nova imagem está mais próxima de sua noção do divino do que a antiga. Ela é realmente melhor do que a anterior? Examine-a em detalhes. Essa nova imagem é mais capaz, mais humana, mais amorosa, mais bem-aventurada?

Visualize essa nova imagem da forma mais intensa que conseguir. Faça-a ganhar vida dentro de você. Se seu pensamento for suficientemente poderoso, se sua visualização for intensa o bastante, ela pode até romper as amarras do karma.

Eis uma oportunidade de transcender todas as suas limitações de pensamento, emoção e ação. Eis uma oportunidade de criar a si conscientemente para se tornar a criação que você quer ser.

Criando distanciamento da estrutura kármica

O principal objetivo da meditação é criar um certo distanciamento entre você e seus corpos físico, mental e energético. Seu corpo mental é uma grande fábrica de karma. Ao compreender que sua mente é a principal fonte de karma, você estará no caminho certo. Assim que houver um distanciamento entre você e a mente, haverá um distanciamento em relação ao passado. Agora todas essas memórias estarão disponíveis quando você precisar delas, mas elas não terão mais o poder de dominá-lo.

A meta é um dia criar uma situação dentro de si em que você terá a experiência viva de: "*Não sou o acúmulo na minha mente.*" Agora seu karma não tem poder sobre você. Esse é o primeiro passo rumo à liberdade.

Há a tendência crescente em fazer regressões de vidas passadas na esperança de examinar a própria estrutura kármica. Isso é absolutamente desnecessário para quem está no caminho espiritual. Revisar minuciosamente o conteúdo de sua mente é um exercício interminável e sem sentido. O buscador espiritual não quer se livrar do karma seletivamente. A meta é se livrar do pacote inteiro.

Assim que há um espaço visível entre você e sua mente, seu karma se esvazia muito depressa. Agora você parou de criar estoque novo, o que ajuda demais. E o estoque antigo sairá muito rapidamente ao longo do tempo.

Agora você é capaz de ver: "*Minha mente me pertence, mas não sou minha mente.*" É como dirigir um carro. O motor responde a tudo o que você quer que ele faça, mas não é você. Quando se envolve profundamente com seu carro, você pode vê-lo como uma extensão sua. Muita gente vê! Mas, quando é capaz de se distanciar da mente, isso aumenta sua capacidade de levá-la a fazer o que você quer. Assim que conseguir se separar dessa maneira, você não precisará nunca mais se preocupar com o karma.

A base do karma é simples: você é a fonte de toda a sua bagagem. Quando percebe isso claramente, sua qualidade essencial muda. Se considerar outra pessoa essa fonte, você sempre estará distraído, desorientado, amargurado, frustrado, agitado e zangado. Quando se vê como a fonte, você está centrado. Sua energia agora se concentra dentro de você. Você não encena mais rituais de culpa e ira na sua cabeça. Não é mais escravizado pelo seu ambiente exterior nem pela sua mente.

Assim que entender o karma como sua responsabilidade, você estará livre. Assim que se distanciar de sua mente, você também estará livre. As duas abordagens funcionam.

Reassumindo a responsabilidade

Aconteceu.

Certo dia, Shankaran Pillai foi ao bar e se acomodou no balcão.

– Veja, preciso de uma bebida, mas não tenho nenhum dinheiro agora – disse ele ao atendente.

– Então vá embora – disse o atendente na mesma hora. – Não vendemos fiado aqui.

Shankaran Pillai não desanimou.

– Espere um momento. Posso lhe mostrar uma coisa. Caso se impressione, você me dá uma bebida de graça. Senão, juro que vou embora sem dizer nada.

Então Shankaran Pillai tirou um sapo do bolso e o colocou sobre o balcão.

O atendente perguntou, entediado:

– Vai me dizer que se eu beijar esse sapo ele se transforma numa princesa?

– Não, não – assegurou Shankaran Pillai. – Espere só. – E ele tirou um hamster de outro bolso. – Este hamster – anunciou – sabe recitar capítulos da Bíblia.

– Ah, tá – zombou o atendente. – Não me venha com bobagens.

– É só escutar – disse Shankaran Pillai.

E o hamster prontamente recitou Gálatas 5.

– Ei, isso é incrível! – exclamou o bartender e preparou uma dose para Shankaran Pillai, que aceitou a bebida e guardou o hamster de volta no bolso.

– Sabe, nunca paro num drinque só – disse ele. – Também sei fazer este sapo recitar a Bíblia. Peça algum capítulo.

– Que tal Gênesis 3? – perguntou o atendente impressionado.

O sapo prontamente o recitou. O atendente ficou espantado. Ofereceu outro drinque a Shankaran Pillai, que o tomou e anunciou:

– E agora este sapo está à venda.

Todos no bar começaram imediatamente a dar lances. O leilão foi rápido e furioso. Finalmente, o sapo foi vendido por 200 dólares.

Quando Shankaran Pillai estava prestes a entregar o sapo a quem dera o lance maior, o atendente do bar o segurou pelo colarinho e o puxou por cima do balcão.

– Seu idiota! – sibilou. – Você vai vender um sapo que fala por 200 dólares! Posso lhe conseguir 2 milhões se você estiver disposto a dividir.

Shankaran Pillai disse calmamente:

– Não, não, não importa. O que estão pagando me basta.

Ele pegou seus 200 dólares e entregou o sapo. Empolgado, o comprador saiu correndo do bar para exibir a nova aquisição.

O atendente disse a Shankaran Pillai:

– Você é maluco. Um sapo falante por apenas 200 dólares!

Shankaran Pillai disse:

– Não se preocupe. É meu hamster que é ventríloquo.

Na verdade, é desse jeito absurdo que muita gente leva a vida. Escolhendo terceirizar a responsabilidade o tempo todo – a algum equivalente do hamster.

Na maior parte do tempo, as pessoas responsabilizam seu antigo karma. A tragédia é que, no processo, deixam de ver o enorme potencial deste momento. Elas abrem mão do poder transformador do presente assegurando que o futuro seja uma repetição do passado.

Seu antigo karma não é o problema. O problema é que seu karma atual está à procura de uma via de escape. Ele quer culpar alguém. Quer ir para o passado ou para o futuro e fugir do presente. Assim, o mesmo velho ciclo de vitimização e passividade se perpetua. Pare e veja: você pode muito bem descobrir que está fazendo isso *agora mesmo*.

Sim, é verdade que seu antigo karma cria certas tendências que o influenciam. No entanto, todo ser humano tem consciência suficiente para superar essas tendências. Ninguém precisa se deixar escravizar por seu modelo hereditário. Cada um de nós tem escolha: a escolha de transcender nossa herança kármica ou ser tiranizado por ela.

Quantas vezes você ouviu as pessoas dizerem algo na linha do hamster ventríloquo? "Quero muito controlar meu mau humor, mas, sabe como é, os genes de meu pai..." Ou "Gostaria de começar a limpar a rua, mas minha vizinhança é muito apática". Com todas as declarações desse tipo, você não faz meros vereditos abrangentes sobre o passado; *você descarta seu futuro antes mesmo de vivê-lo.*

Seja qual for seu karma passado, se você lidar direito com o momento presente, as coisas podem mudar radicalmente. Essa é a beleza de sermos humanos. Não importa o tipo de bagagem que você carrega; caso se disponha a estar absolutamente consciente, o passado não terá impacto sobre você. Já vi isso em inúmeras pessoas. Com um entendimento um pouco melhor da mecânica da mente, mesmo sem nenhum sadhana sério, elas se descobrem mais alegres do que nunca. Sem saber o porquê, se pegam andando com uma nova vitalidade nos passos, cantando no chuveiro ou assoviando durante o dia. No programa de Engenharia Interior que conduzo, mesmo antes de iniciarmos as pessoas numa ação energética chamada kriya, só ouvir sobre o funcionamento da mente já é suficiente para libertá-las em muitos aspectos.

O que você chama de karma – os pacotes de tendências e predisposições que leva consigo – está apenas em sua memória e em sua imaginação. Assim, se habitar este momento de forma profunda, plena e completa, você terá se livrado de sua carga kármica.

Está na hora de abrir mão do passado. Viva conscientemente e você verá que este momento não pode ser fragmentado em passado e futuro, em agora e depois. Tudo o que já existiu nessa criação está apenas neste momento, e tudo o que existirá está apenas neste momento.

O presente é seu único endereço. O aqui e agora é sua única morada.

◇◇◇

NOVE

O karma yoga e o corpo energético

SUTRA Nº 9

A questão não é fazer milagres. É reconhecer o milagre da vida que você é.

Como estabelecer o ponto de chegada

Costumo dizer que só há uma coisa em que sou muito bom: fazer pessoas e lugares estalarem de energia. Todo o restante das coisas que eu faço – todas as viagens pelo mundo dando palestras, realizando programas, iniciando projetos ambientais, educacionais e culturais – é eventual. Isso não significa que eu não valorize o trabalho que faço. Eu me dedico de todo o coração a tudo isso. Mas minha principal área de especialização é a energia de vida. Acima de tudo, sou um mecânico da energia.

No nível do corpo energético ou prânico, o karma yoga é fundamental por muitas razões. Para começar, pode transformar ou regenerar o corpo energético de tal maneira que ele não só renasça como, na verdade, permaneça sempre novo. Não importa quanto exercício ou hatha yoga você faça ou o quanto cuide da alimentação, seu corpo físico envelhecerá e decairá. O corpo mental é um instrumento maravilhoso, mas também pode enferrujar com a idade. Muitos descobrem que a memória já não é mais tão afiada quanto na juventude. No entanto, o corpo energético pode ficar completamente inalterado pelo processo de envelhecimento. Você pode mantê-lo exatamente como ele era quando você nasceu e conservá-lo novinho em folha até morrer. O impacto que um corpo energético forte tem na sua vida e no mundo que o cerca é tremendo. Para muitas pessoas, pode parecer quase milagroso.

Nos programas do Isha, os participantes são iniciados em algo chamado kriya – um poderoso processo yóguico que renova e revigora o corpo energético. Costumo chamá-lo de caminho da ação interior, porque ele não envolve o corpo físico ou o mental. É ação puramente no nível da energia. Praticado regularmente, ele garante que o corpo energético se mantenha vivo e vibrante. Se conseguir manter seu corpo energético como o de um recém-nascido em todos os momentos da vida, você descobrirá que as circunstâncias exteriores e interiores invariavelmente se desenrolarão da melhor maneira possível para você.

Há ainda outra razão para o trabalho com o corpo energético ser benéfico. Esse é o modo mais direto de abordar a dimensão capciosa da herança kármica de cada um. Digo *capciosa* porque o resíduo kármico não é um corpo por si só, mas uma dimensão que ocupa os corpos físico, mental e energético. Abordar o karma no nível físico é importante, como vimos: pode purificar os elementos, ajudar a minimizar a memória física e, pela prática de hatha yoga, revitalizar e aprimorar o sistema. Abordar o karma no nível mental também é importante: pode criar uma mudança de paradigma no modo como você vive a vida e habita o momento presente. No entanto, quando aborda o karma no nível da energia, o processo é mais profundo e veloz e acelera rapidamente a mudança em todos os outros níveis.

Acima de tudo, isso tem a capacidade de mudar seu ponto de chegada. O yoga no nível do corpo físico pode trazer bem-estar; no nível do corpo mental, pode trazer alegria, equanimidade e paz; mas, no nível do corpo energético, garante que você esteja seguindo apenas rumo à sua libertação.

Se você fizer trabalho físico, o corpo físico ficará exercitado e crescerá bem. Se fizer trabalho mental, seu corpo mental ficará exercitado e crescerá de forma considerável. Infelizmente, a maioria das pessoas nunca exercita o corpo energético, que permanece fraco. É por isso que tanta gente no mundo, com dinheiro, riqueza, fama e até uma quantidade razoável de seguidores nas redes sociais, ainda se sente insignificante. O yogi não tem esse sentimento porque seu corpo energético é muito desenvolvido.

O mesmo acontecimento pode deixar impressões diferentes em pessoas diferentes. O fim de um casamento pode ser uma bênção para alguém. Mas outra pessoa pode ficar mentalmente destroçada, outra ainda fisicamente adoecida. Tudo que você come, bebe e respira é energia. Se vai transformar tudo isso em energia física, mental ou de vida, cabe apenas a você. A energia não é criada nem destruída; ela só se transforma.

Aconteceu.

Shankaran Pillai procurava uma nova residência. Na busca por um apartamento, ele conheceu um proprietário que lhe perguntou:

– Onde você morou todos esses anos?

Shankaran Pillai disse que ficara numa parte da cidade havia um mês, em outra parte dois meses antes e num bairro completamente diferente seis meses antes. O proprietário ficou desconfiado.

– Por que vive se mudando? Você tem muitos inimigos?

– Não, não, não tenho um único inimigo – declarou Shankaran Pillai despreocupado. – Mas, por alguma razão, todos os meus amigos me odeiam.

É claro que descrever inimigos como amigos é um mero jogo de palavras eufemístico! Não tem nenhuma relação com a realidade. Muitos escolhem viver a vida nesse nível superficial. Optam pelo autoaprimoramento em vez da autotransformação, na esperança de que uma vida de afabilidade morna e agradabilidade geral os leve ao supremo. Mas esquecem que o social não tem nada a ver com o existencial.

É por isso que o karma yoga tem que ser abordado em muitos níveis. Trabalhar meramente nos níveis físico e psicológico não basta. Se purificar a substância kármica de sua tela mental, você poderá ser apreciado socialmente porque haverá uma certa paz, alegria e doçura em sua presença. As pessoas podem gostar de ficar perto de você porque purificou sua mente. Mas isso não muda a direção para onde você vai. Você ainda será influenciado pelo impacto residual de vidas inteiras de experiências que o conduzem por meio de suas tendências. Só se começar a purificar conteúdo kármico do corpo energético você começará a se deslocar em uma nova direção. Em vez de ser dominado pelas tendências, agora você começará a se tornar um ser consciente.

O kriya Shambhavi Mahamudra em que inicio as pessoas durante meus programas de Engenharia Interior é importante por essa razão. Ele retira o material kármico do sistema energético e, assim, muda seu ponto de chegada. Seria possível dedicar o programa a produzir seres humanos agradáveis. Isso seria recebido com grande aprovação social. Mas ser agradável ou desagradável não tem nenhuma relevância espiritual. Quando você transforma o conteúdo do corpo energético, os fundamentos da vida começam a se alterar. Agora você está imensamente empoderado para começar sua marcha rumo à liberdade.

O yoga do calor e da luz

Muita gente me pergunta como queimar seu karma. Eu digo que queimar karma só é relevante até certo ponto. Fazer isso lhe dá a clareza necessária para olhar a vida de um jeito desanuviado e lhe oferece uma certa liberdade em relação a compulsões, ansiedades e medos. Mas, se queimar todo o seu estoque de karma, os corpos físico e mental não conseguirão se sustentar. Por essa razão, manter o corpo é um desafio perene para um ser iluminado.

Para a maioria dos praticantes espirituais, depois de certa quantidade de queima kármica, é melhor realizar um tipo de sadhana que crie certo distanciamento do karma. A presença de karma manterá sua prática em andamento; ao mesmo tempo, a prática lhe proporcionará uma lacuna entre você e seu corpo e mente. Esse é o tipo de pessoa urgentemente necessário neste planeta de hoje. A maior parte do que precisa ser feito neste mundo não se realiza porque as pessoas não têm capacidade de se distanciar das próprias compulsões kármicas.

Assim que tiver esse distanciamento, não importará o tipo de karma que você tenha. Seu karma, na verdade, dá cor ao mundo. O mundo é cheio de todo tipo de seres humanos únicos e loucos, e isso é maravilhoso, desde que eles não sejam compulsivos! Se não houver compulsão, não haverá jeito bom nem mau, correto nem incorreto de ser. Tudo faz parte da grande tapeçaria colorida da vida.

Não esqueça: as compulsões podem ser de vários tipos. Quer você fume ou beba, ou reze o dia todo, suas ações ainda podem ser compulsivas. Não importa o que você faça; se for feito com alegria e gratidão e o levar rumo à liberdade em relação aos ciclos, fará toda a diferença. Se certa atitude de oração cresce dentro de você vinda da alegria e da gratidão, isso é lindo. É o contexto, e não o conteúdo da sua vida, que determina o acúmulo kármico.

É por isso que os oito membros do yoga (conhecidos como ashtanga yoga) são estruturados de um modo específico: os três primeiros (yama, niyama e asana) são considerados o aspecto do fogo e são purificadores; os quatro últimos (pratyahara, dharana, dhyana e samadhi) são considerados o aspecto da luz e conduzem à iluminação. O quarto membro – pranayama – é considerado o passo transitório intermediário, que combina fogo e luz.

Yamas e *niyamas* são simples diretrizes, o que fazer ou não no caminho espiritual, como a não violência, o compromisso com a verdade, não roubar, não acumular riqueza, pureza, limpeza, prática, e assim por diante. Eles criam o ambiente adequado para a evolução espiritual. Quando a pessoa se ilumina, essas diretrizes passam a ter pouca relevância. Quando a compaixão dentro de você é transbordante e a divindade veio à tona, não é preciso impor regra nenhuma. Nesse momento, a natureza humana sabe exatamente o que precisa ser feito numa dada situação. Mas essas simples restrições morais foram identificadas para o bem dos que estão começando no caminho.

Já os *asanas* são as muitas posturas físicas de yoga praticadas pelo buscador em certo estado de consciência. São um modo de manipular as energias interiores numa direção específica, um modo de "sovar" o corpo rumo a uma possibilidade mais elevada. Se já fez pão, você sabe que a qualidade dela depende da eficiência com que se sova a massa. A qualidade de um pote de cerâmica depende de sovar bem a argila. Do mesmo modo, os asanas buscam elevar a consciência sovando muito bem o corpo. A ciência yóguica é profunda assim: ela vai do exterior para o interior e nos lembra que trabalhar conscientemente no nível físico pode alterar o modo como pensamos, sentimos e experienciamos a vida e, em última análise, nos conduzir a possibilidades espirituais mais elevadas.

Pranayama, o quarto membro, envolve trabalhar conscientemente com o prana ou energia de vida. É o estágio intermediário entre fogo e luz, porque, ao mesmo tempo, é de natureza purgativa e iluminadora.

Pratyahara – voltar-se para dentro – é um membro particularmente importante do yoga e muito desafiador nos tempos modernos, em que o mundo está mais distraído do que nunca por estímulos externos. Ele envolve enxergar até mesmo os aspectos físico e psicológico como acúmulos externos e significa um afastamento completo do corpo e da mente.

Dharana é a atenção constante e ininterrupta voltada para o interior, com base na premissa de que aquilo em que você presta atenção resoluta é aquilo com que se conecta. Numa era dominada pela mídia eletrônica e por uma epidemia virtual de pessoas diagnosticadas com TDAH, esse membro também é mais desafiador do que nunca.

Dhyana é um estado de imersão ou meditação em que não há mais uma linha divisória entre você e o mundo interior (no qual você prestou atenção durante dharana). Agora dois se tornaram um.

No estágio final, *samadhi*, o um se dissolveu em nada. Há equanimidade absoluta porque a mente discriminatória se acalmou. Agora, o além faz sentir sua presença.

A purificação ou queima kármica é necessária para os que estão emaranhados e são compulsivos. Sem essa queima, a maioria das pessoas não será capaz de meditar. Mas, quando a meditação começa, o caminho não é mais queimar; em vez disso, ela se torna um processo iluminador de criar um certo distanciamento entre você e suas dimensões física e mental. Essa é a jornada rumo à liberdade.

A maioria dos praticantes espirituais atestará. Noventa por cento das pessoas não conseguem meditar; só depois de uma prática que as incendeia e queima karmas compulsivos, elas conseguem fechar os olhos e sentar-se imóveis. Assim, o sadhana ideal é um equilíbrio entre os aspectos de fogo e luz. Pessoalmente, estou bem com o aspecto do fogo, porque não suporto a insipidez. Prefiro a raiva à docilidade e à falta de vitalidade! Mas os que estão incendiados o tempo todo não se encaixam facilmente em situações sociais. Assim, é melhor criar um equilíbrio entre os dois.

Depois de tratar o Karma Alocado (prarabdha), libera-se dentro de você um espaço interior. Isso lhe dá espaço para perceber a vida com certa clareza. Você não precisa resolver todo o resto, porque agora vê que toda a influência kármica é ilusória. Assim que obtém essa clareza de percepção, fica fácil se livrar dessa carga quando necessário.

Resolver todo o seu Karma Acumulado (sanchita) é um processo longuíssimo porque o acúmulo é imenso. Portanto, não tente investigar o conteúdo de seu depósito; fazer isso levará uma eternidade e pode até engolir você! O perigo de esmiuçar todo o karma é que você pode encontrar elementos preciosos que vai querer preservar. Basta lidar com o Karma Alocado e usar o espaço livre para abandonar o Karma Acumulado de uma vez. No momento em que fechar a loja de varejo, o depósito parecerá só um monte de lixo sem sentido! Assim, quando chegar a hora, você simplesmente descarta o depósito todo no atacado – com todo o conteúdo e as instalações.

É o sol que transformou a água em nuvem e lhe deu um revestimento prateado. Mas agora a nuvem está bloqueando o sol! Você pode escrever poemas intermináveis sobre essa bela nuvem prateada, mas acabará deixando de ver o sol. Essa é a natureza do karma. Por mais bonito que pareça, ele bloqueia a fonte da criação. Pode haver beleza em alguns aspectos do karma. Mas não esqueça a fonte de onde ele brotou. A fonte pode ser o nada, mas implícito nele está uma grande possibilidade: *a possibilidade de se tornar tudo.*

SADHANA

Embora todo kriya exija uma iniciação, há um tipo que ofereço que não a exige. É o Isha Kriya, uma prática diária simples que melhora a saúde, o dinamismo e o bem-estar material e espiritual; constitui um meio de lidar com o ritmo caótico da vida moderna; e empodera a pessoa a viver a vida ao potencial máximo. É um lembrete de que há muito mais em nós do que nosso corpo e nossa mente. Os interessados em explorar essa prática em três estágios a encontrarão no canal Sadhguru Português do YouTube, disponível em youtube.com/sadhguruportugues.

O karma e o alinhamento dos corpos

Muitas vezes me perguntam qual é minha mensagem como guru.

Isso me diverte, porque não tenho nenhuma mensagem. Digo às pessoas: "Vocês não estão estudando comigo. Não tenho nada a ensinar. Quero que vocês se percam! Quero convidá-los àquele lugar de ignorância sem limites que os antigos chamaram de iluminação, e o único jeito de chegar lá é perder-se. Não há outro caminho."

Os ensinamentos não o ajudarão a atravessar os muitos bloqueios kármicos insidiosos na sua vida. Os muros kármicos são como painéis de vidro. Se fossem como muros de tijolos, você os veria e poderia quebrá-los. Mas o problema dos painéis de vidro é que tudo parece aberto, mas, quando tenta alcançar o que está além deles, você nota que está preso.

Um ensinamento, depois de algum tempo, se torna um bloqueio por si só. Você o distorcerá conforme a sua conveniência. As pessoas fazem isso no mundo inteiro. A princípio, o ensinamento causa um impacto por ser novo e por você não saber como funciona. Mas, com o tempo, você começa a distorcê-lo segundo sua conveniência. Você fará o ensinamento apoiá-lo. Isso é contraproducente, porque o ensinamento não é concebido para lhe dar apoio, mas para demolir você!

Quando se torna uma fonte de conveniência, o ensinamento não presta mais. É por isso que o guru fala a partir de tantas dimensões diferentes que parecem contrárias. A meta é não permitir que você se acomode em lugar nenhum. Assim que se acomoda, você começa a usar o ensinamento em proveito próprio.

Também é por isso que o guru sempre oferece uma prática baseada na energia. Só de fazer um kriya diário – todas as manhãs, sentar-se e respirar de determinada maneira – você já será capaz de destruir esses bloqueios kármicos. Se não entender plenamente os ensinamentos, tudo bem. Se continuar com a prática, depois de algum tempo você encontrará dentro de si uma nova abertura e liberdade. Essa é sempre a base em que poderá se apoiar.

O trabalho no nível do corpo energético é uma reciclagem total de sua energia. Quando está acontecendo, essa reciclagem traz de volta muitos impulsos, padrões de comportamento compulsivo, hábitos mentais e torvelinhos emocionais. Isso é inevitável, e não é preciso temer. É simplesmente o que queremos dizer com karma. Quando começa a cultivar sua energia para acessar uma dimensão diferente, a purificação kármica é inevitável.

Isso acontece porque toda a estrutura kármica está sendo desmantelada em algum nível. Com a prática constante, a aspiração é reverter a queima do pote, dissolvê-lo em argila pura. Você derrete o complexo rígido de hábitos e predisposições em energia pura. Só quando a energia se torna assim tão fluida você consegue se sentar e meditar. Isso porque agora você se tornou vida pura; não é mais um monte de pensamentos e impressões. Você está num estado de receptividade à graça.

Lembre-se: não há utilidade num processo espiritual. Você não pode usá-lo, mas pode ser transformado por ele. Transformação significa que você perde sua forma original e fica completamente disposto a assumir novas formas. Você se torna um pote não queimado, por assim dizer. Não pode mais se encher de água, mas, como argila pura, é capaz de assumir um número infinito de formas.

Há um conto folclórico indiano bem conhecido sobre o amor imortal de Sohni e Mahiwal. Sohni atravessa o rio todas as noites para se encontrar com Mahiwal, seu amante proibido. Como pertence a uma família de ceramistas, ela usa um pote de argila para flutuar e se manter na superfície ao cruzar o rio. Mas certa noite, sua cunhada, que quer sabotar o romance secreto, troca um pote não queimado por um queimado. Inevitavelmente, o pote derrete e Sohni é engolida pelas águas revoltas – um fim trágico para essa história de amor.

Por mais que tentemos, nem o amor nem o processo espiritual podem ser transformados em algo utilitário. Eles simplesmente fazem parte da beleza da vida. No momento em que tenta tirar proveito do amor ou da espiritualidade, você descobre que seus braços estão vazios. No momento em que tenta concretizá-los, você acaba com um casamento ou uma religião. Você pode adquirir muitas outras coisas – um lar, uma família, um deus, um paraíso –, mas perde a própria exuberância da vida. Quando tenta institucionalizar uma experiência interior, tudo que lhe resta é uma instituição!

Assim, quando suas energias começarem a aumentar, você verá que, de repente, sua vida parece mais agitada do que antes, interna e externamente. O importante é não hesitar e manter a prática a todo vapor. Os kriyas yóguicos são estruturados de tal maneira que nunca lhe causarão mal nenhum.

Como já vimos, às vezes há um descompasso entre o corpo físico e o corpo energético. Suponhamos que você pegue um carro pequeno e lhe ponha um motor poderoso: isso pode ser um desastre. O carro se desmancharia, não porque o motor é ruim, mas porque é bom demais. Do mesmo modo, se seu corpo energético for muito aprimorado sem uma melhoria do corpo físico ou um trabalho com a substância kármica, é possível que um ou outro entre em colapso.

Portanto, toda tentativa de empoderar o corpo energético precisa ser acompanhada de um trabalho em todos os outros níveis. Antes de serem iniciadas em kriyas poderosos, as pessoas precisam fazer uma quantidade rigorosa de sadhana. Sem prática física, não se pode experienciar os kriyas em toda a sua profundidade e intensidade.

Quando se preparam para a iniciação em kriyas poderosos, os praticantes também precisam preparar a mente. Precisam expandir seu conjunto de identificações, ampliar o entendimento de quem são. Quando são lembrados de que sua habilidade de responder se estende ao cosmo inteiro (não só à família e à comunidade), que o envolvimento inclusivo é muito menos emaranhador do que o envolvimento seletivo, que não são pais só de seus filhos, mas do mundo inteiro, a estrutura kármica se afrouxa consideravelmente. Agora ela pode acomodar uma expansão considerável do corpo energético.

Se a energia se expandir enquanto a substância kármica ainda está firmemente presa a você, talvez você se sinta dilacerado. Isso pode ser muito perturbador para a sua vida. Se você não for capaz de suportar isso, um aprimoramento do corpo energético será inútil. Portanto, o ideal é expandir a estrutura kármica de modo que ela seja capaz de suportar a intensidade que surge no corpo energético durante o kriya yoga.

Quando minhas energias chegaram ao pico

O modo como a transformação da energia se manifesta fisicamente é algo que conheço em primeira mão. Com 25 anos, quando tive minha primeira experiência de vida além de minhas faculdades físicas e mentais numa colina na cidade de Mysore, eu não fazia ideia do que tinha me atingido.

Tudo começou a mudar rapidamente depois disso. Boa parte da mudança foi interior, mas houve mudanças exteriores também, que ninguém deixou de perceber. Minha voz mudou, por exemplo. O timbre e a qualidade ficaram bem diferentes. A qualidade do meu olhar e até o formato de meus olhos pareceram mudar, e meu jeito de andar foi drasticamente alterado. Tentei voltar ao jeito antigo, mas não consegui. O próprio formato do meu corpo tinha mudado. E não tenho absolutamente nenhuma dúvida de que o formato do meu cérebro também mudou!

O realinhamento dos chakras ou centros de energia do sistema humano pode produzir resultados drásticos. As intervenções energéticas podem refazer as conexões do sistema por completo e alterar o impacto das memórias genética, evolutiva e elementar. São essas dimensões da memória que nos restringem inconscientemente de várias maneiras. Libertar-se de seu impacto ou aprender a se desconectar delas quando necessário são aspectos importantíssimos da prática yóguica.

SADHANA

Dependendo do volume ou do tipo de karma que reuniu, você desenvolveu certos vasanas que o fazem se mover em determinadas direções e atrair para si certas pessoas e situações de vida.

Se descobrir que constantemente atrai as pessoas erradas para a sua vida ou que puxa para si situações desagradáveis, é importante parar, dar um passo atrás e ver como redesenhar esse software inconscientemente programado em você.

É assim: suponha que esteja dirigindo e que perca o controle do carro. Qual é a primeira coisa que você faz? Talvez queira dá-lo a seu inimigo! Mas, depois desse pensamento tentador, a primeira coisa a fazer é pisar no freio e parar, não é? Com a vida é a mesma coisa. Quando a situação sai do controle sem nenhuma razão aparente, você precisa desligar o motor por algum tempo.

Faça toda a maquinaria de pensamento, emoção e ação parar por um breve tempo. Só o ato de parar e dar atenção à sua interioridade por um curto período fará diferença. Você verá; as coisas se corrigirão.

Não é necessário fazer mais nada. Você não precisa pedir intervenção divina. Não precisa pedir ajuda angelical nem orientação astral. Simplesmente, precisa parar. Você descobrirá que, depois disso, sua mente e seu corpo passarão a funcionar milagrosamente, só porque você deu a seu sistema tempo suficiente para se consertar e se redesenhar do jeito que ele quer.

Os espaços sagrados e o avanço rápido do karma

As intervenções energéticas podem ser feitas de muitas maneiras. Uma é pelo kriya yoga sob a orientação de um mestre; outra é apenas por viver num espaço energeticamente vibrante e consagrado de um modo específico.

Há muitos lugares sagrados e poderosos no mundo. Esses centros de energia, chamados de *tirtha* em sânscrito, são simplesmente um convite aos buscadores para se sentarem e ficar de molho. Como ao pôr um pano sujo de molho em detergente, só se embeber da energia desses lugares já pode remover manchas kármicas de que você não tem consciência.

O poderoso legado espiritual de incontáveis místicos permeia as montanhas Velliangiri, no sul da Índia. O Centro de Yoga Isha, em Coimbatore, fica no sopé dessas montanhas majestosas, num local que oferece possibilidades tremendas de crescimento espiritual. O próprio Centro foi consagrado de um modo poderoso para acelerar o processo kármico.

Usar um lugar desses não exige nenhuma crença. As pessoas não têm que me considerar seu guru para isso. E tudo bem até se tiverem algum problema comigo! Se souberem como aproveitar o espaço, tudo de que possam precisar para seu crescimento espiritual está bem ali. Incentivo gente de todos os cantos a virem experienciar essa possibilidade. O local é simplesmente carregado de energia. É o tipo de lugar onde são possíveis transformações que as pessoas considerariam milagrosas. Basta simplesmente fechar os olhos, sentar-se no espaço e deixar-se absorver.

Como guru, muitas vezes me perguntam por que não faço milagres. Ressalto que estamos cercados de milagres o tempo todo. O solo onde você anda se transforma em flores e frutas, a flor transforma imundície em fragrância, o tempo transforma a rocha em diamante. O milagre que sou, o milagre que quero manifestar neste planeta, é que é possível estar envolvido, mergulhado e engajado neste mundo e, ainda assim, permanecer intocado por ele. Há muitas pessoas à minha volta atualmente que corporificam esse milagre. Para mim, esse é o único milagre que conta.

Há locais no mundo inteiro onde um imenso poder espiritual se encontra centrado numa forma ou santuário específico. O Centro de Yoga Isha tem o Dhyanalinga e o Linga Bhairavi, que são centros energéticos poderosos.

No entanto, o mais incomum é que o centro inteiro é saturado de energia espiritual. Em primeiro lugar, isso acontece porque há múltiplos santuários consagrados em todo o local. Também acontece por causa dos místicos maravilhosos que viveram nas montanhas circundantes; sua aspiração e intenção é tornar essa graça disponível a todos. Tem sido um privilégio para mim criar um centro numa terra santificada pela presença deles.

Espaços intensos e energeticamente diferentes oferecem possibilidades diferentes. Mas, no Centro de Yoga Isha, garantimos que a única possibilidade seja o avanço rápido do karma e o apressar do processo espiritual. Nada mais é relevante. Há muitos lugares no mundo inteiro que pulsam com energia crua, mas nesse aqui a energia está calibrada para ajudá-lo a cada passo do caminho espiritual.

Quando a energia de um lugar se estabelece em certa direção com intensidade específica, nada escapa à sua influência. Todos os seres nas vizinhanças começarão a se mover em sua direção, consciente ou inconscientemente. Isso não tem nada a ver com ensinamentos. É apenas a vida ansiando por si mesma.

Determinadas geografias podem, sem dúvida, acelerar o processo kármico. Mas não espere que ele seja alegre o tempo todo. Em ciclos de giro intenso, pode haver momentos difíceis. Mas tudo vale a pena quando você se vê emergindo da natureza cíclica do processo kármico e da rotina terrível de refazer a mesma história várias e várias vezes.

O anseio pela libertação – ou *mukti* – não existe porque a vida seja infeliz. Quando está infeliz, você anseia pelo paraíso, não pela libertação. O anseio pela libertação só surge quando a vida é boa, mas você naturalmente quer evoluir para a próxima dimensão. Você não quer passar pelo tédio dos mesmos ciclos várias e várias vezes.

O karma e o corpo energético no nascimento

Dá para saber muitas coisas sobre uma criança ao nascer. A maioria das pessoas nota que alguns bebês têm olhos brilhantes e observadores;

outros parecem mais quietos; alguns movem mais os membros; outros são menos ativos. Tradicionalmente, na Índia, nos onze primeiros dias após o nascimento do filho, os pais costumam levar o bebê a um yogi ou vidente para ser abençoado. Isso porque, nesse estágio, a substância kármica ainda está fluida. Antes que a personalidade do bebê comece a se consolidar, eles querem uma bênção que possa garantir que a jornada de vida da criança seja suave e sem percalços.

A verdadeira jornada kármica começa ainda antes. Em algum momento entre os 40 e os 48 dias depois da concepção, a fibra kármica começa a se comprimir. É como uma mola. Dependendo das informações passadas, da força do corpo físico, da natureza dos pais, do tipo de concepção e de vários outros fatores, a fibra kármica escolhe uma certa quantidade de informações que se enrolam como uma mola.

Quando olho a tensão da fibra kármica, é comum eu conseguir estimar quando a pessoa nasceu e mais ou menos quando vai morrer. É claro que podem ocorrer acidentes e danos não previstos ao corpo, e nem toda pessoa é capaz de resolver seu Karma Alocado. No entanto, tirando os acidentes, a mola kármica da maioria das pessoas se desenrola em certo ritmo.

Quem é capaz de sentar-se imóvel descobrirá que seu karma se desenrola rapidamente. Os que levam vidas ativas acumulam karma novo, e o processo é mais lento. Ainda assim, a mola kármica continua a se desenrolar. Portanto, é possível avaliar por quanto tempo a jornada kármica continuará para quem tem uma vida normal. É claro que, se as pessoas entram em contato com um guru, essas previsões não são mais possíveis. Com a intervenção de um mestre espiritual, o karma pode ser liberado rapidamente, se necessário.

Envelhecimento e morte

Perto do fim da vida, quando o Karma Alocado se completa, o corpo energético começa a ficar fraco. Em consequência, o corpo físico se enfraquece cada vez mais também, e a capacidade do corpo energético ou prânico de se segurar no corpo físico se reduz. À medida que as informações acabam, a vida lentamente vai se esvaindo. A vida física começa a perder a intensidade.

É por isso que você pode notar que até a pessoa que levou uma vida muito básica e material com frequência parece, nos últimos dias antes da morte, ter um ar de paz etérea, maturidade e sabedoria. Essa pessoa é muito menos apegada aos outros e fica menos abalada por situações externas.

Quando fica fraco, o corpo prânico (energético) vai escapar do corpo. É o que chamamos de morte por velhice. Invariavelmente, os médicos diagnosticam falência de algum órgão, mas o fato é que a pessoa escapou do corpo pela fraqueza do corpo energético. Esse é o modo ideal de morrer, porque você não é expulso do corpo; sai naturalmente. É um bom modo de partir.

No entanto, a rapidez com que você esvazia seu Karma Alocado depende da velocidade com que se dispõe a passar de um aspecto da vida a outro. Se, aos 80 anos, você ainda pensa que deveria agir como aos 18, você tem um problema. Assim sua morte não será natural, porque, mesmo que viva até os 100, seu corpo vai se esgotar, mas não sua informação kármica.

Agora, se o Karma Alocado da pessoa não for resolvido, mas o corpo sucumbir por alguma razão – talvez a pessoa bata com o carro, beba até a morte ou pegue uma doença fatal –, seu karma permanecerá. O mesmo volume de Karma Alocado ainda estará presente, ou seja, a individualidade da pessoa ainda será forte. Na fala popular, esse ser desencarnado é chamado de fantasma. Seu Karma Alocado e seu corpo energético ainda serão intensos, mas não haverá corpo físico para sustentá-los. O intelecto e a capacidade de discernimento da mente também se vão nesse ponto, mas um grupo de tendências, ou vasanas, permanece.

Esses seres existem agora não com base em discernimento ou volição consciente, mas com base em suas tendências, que os jogam para cá e para lá sem nenhuma volição por parte deles. Como nesse momento eles são dominados apenas por tendências, o karma leva muito mais tempo para se resolver.

Basicamente, isso significa que, se você costuma agir de forma inconsciente, seu karma o domina por completo. Assim que começa a agir com alguma consciência, o poder do karma sobre sua vida enfraquece. Na vida além do corpo, o discernimento não existe, e o karma domina de modo absoluto. Se tiver um karma agradável dentro de você, ele se amplia, e se tiver karma desagradável dentro de você, ele se intensifica. São essas condições interiores que são chamadas de céu e inferno em muitas tradições.

Por isso é tão importante abordar seu karma enquanto você está encarnado. Nesse ponto, você pode resolver em dez anos o que levaria cem depois de desencarnado.

Mesmo hoje, há tendências que o jogam de um lado para outro. É por isso que a palavra *responsabilidade* é tão importante. É sua responsabilidade exercer uma escolha a cada momento da vida, entre seguir sua tendência ou tomar uma decisão consciente. Ao viver com essa noção de responsabilidade, suas tendências não dominarão você e seu futuro não imitará o passado.

A ideia de existirem fantasmas desperta muito terror no mundo. Como o Karma Alocado ainda é forte, a presença deles é sentida com um pouco mais de força por algum tempo. Os mais sensíveis podem ser capazes de perceber. Mas não há por que temer sua presença. Pense no fantasma simplesmente como uma pessoa como você que, por acaso, perdeu o corpo. Você também é um fantasma, mas *com* corpo. Não há muita diferença, na verdade! Um fantasma com corpo pode causar muito dano, como você sabe, mas um fantasma sem corpo tem uma capacidade muito menor de fazer isso.

O karma e a perda de memória

A medicina moderna trouxe a possibilidade de vivermos mais do que as gerações anteriores imaginariam. Isso é maravilhoso. No entanto, prolongar a vida do corpo físico sem cuidar da fibra kármica é um desenvolvimento desequilibrado. Agora temos certo domínio da bioquímica e somos capazes de usar a medicina e as cirurgias para prolongar a duração da vida. Mas a dificuldade é que a medicina moderna não sabe nada sobre o karma.

Essa é uma das razões para o aumento no número de idosos que perdem suas faculdades mentais. O hardware está fortalecido e revigorado, mas não há software. É como ter um computador "burro", capaz de existir em sua materialidade, mas incapaz de funcionar.

Não se deve desdenhar os avanços da medicina. Eles trouxeram várias conquistas. Contudo, sem substância kármica nova, o corpo é uma casca vazia. Mesmo que se substituam coração, rins, quadris, ombros, cotovelos e todas as outras partes móveis do corpo e se crie um novo indivíduo biônico, o ser humano não consegue funcionar sem karma.

Se nossa busca por ciência e tecnologia exteriores fosse acompanhada da busca pelo bem-estar interior, esse problema seria menor. Mas melhorar o aspecto físico sem encontrar um acesso à dimensão não física é o problema fundamental.

Quando souber abrir o depósito de Karma Acumulado (sanchita), na verdade você será capaz de gerar software mais do que suficiente. Mesmo que seu corpo físico dure mil anos, você não perderá a mente, porque haverá software suficiente para sustentá-la.

Ao cultivar a vida espiritual, você também terá outra opção. Assim que seu software começar a diminuir, você terá a liberdade e o equilíbrio para saber quando descartar seu hardware. Em outras palavras, você saberá quando e como sair do corpo físico. E assim poderá sair antes de ser evacuado.

Samadhi: alcançando o pico

Para o praticante de yoga, à medida que a intensidade da prática aumenta, as energias começam a se mover para cima. Agora o contato com o corpo físico se torna mínimo. Se for além de um certo ponto, a pessoa alcança o chamado samadhi.

Sama significa equânime, e *dhi* se refere ao intelecto. Quando atinge um estado absolutamente equânime do intelecto no qual é incapaz de distinguir os conceitos de você e do outro, disso e daquilo, aqui e lá, você alcançou o estado de samadhi. O espelho simplesmente reflete tudo. Nada gruda nele; nenhum resíduo resta sobre ele, e ele nunca faz nenhum julgamento sobre o que reflete. Ele não discrimina o que é agradável ou desagradável, belo ou feio. Quando sua mente fica assim, você está no estado de samadhi. Quando todas essas distinções caem por terra, a energia da vida não se agarra mais ao corpo. Nesse momento, ela começa a se desalojar do físico.

Se permanecer nessa condição por muito tempo, você pode escapar do corpo. Por isso, as pessoas nesse estado são mantidas sob proteção nas comunidades espirituais. Protegê-las é necessário porque a menor sacudidela ou alfinetada no sistema pode fazê-las abandonar para sempre o corpo físico. Elas estão tanto no limite e seu contato com o corpo é tão frágil que essa possibilidade é muito real.

Embora muitos tenham saído do corpo nesse estado, outros yogis querem se enraizar no corpo e ainda experienciar a liberdade de não estar nele. Esse equilíbrio foi necessário quando precisei fazer um certo tipo de trabalho energético. Para consagrar o Dhyanalinga, precisei de pessoas à minha volta que pudessem ser intensamente ativas e meditativas ao mesmo tempo. Essa é uma combinação rara, porque, quando as energias estão enraizadas no corpo, você está pronto para a sobrevivência, mas não para a transformação. Quando o contato de sua energia com o corpo é mínimo, você pode se transformar rapidamente, mas a sobrevivência é precária.

O que torna a transformação tão rápida quando o contato energético com o corpo é mínimo?

Em essência, é o fato de suas energias se tornarem muito fluidas. Agora você pode levar a vida de uma dimensão a outra com facilidade. É como o pote de argila que mencionei antes: ele se torna rígido quando a argila é queimada. Com o karma é parecido. Ele está tão profundamente impresso nos níveis fisiológico, psicológico e energético que não para de se manifestar de um milhão de modos diferentes. Ele tem sistemas de backup por toda parte. Assim, se você quiser desfazer a queima do pote e transformá-lo de novo numa bola maleável de argila, é preciso fazer um trabalho energético intenso.

Durante a consagração do Dhyanalinga, tivemos pessoas cujo contato físico era tão mínimo que era quase como ter argila pura outra vez. Assim as opções são muitas: você pode transformar 10 potes num único pote grande ou fazer 25 potes com eles! Portanto, quando as energias são tão fluidas e maleáveis que não se apegam mais a uma forma específica, há várias possibilidades criativas e transformadoras.

Para o yogi, a meta suprema é *mahasamadhi*, ou a dissolução final da identidade limitada. Isso significa a renúncia voluntária aos corpos físico, mental e energético. Nisso não há nada de negação da vida. Em vez disso, o que há é o abrir mão do limitado pelo ilimitado. Você pode pensar da seguinte maneira: em vez de ficar sentado na praia, você escolhe se tornar o oceano. Escolhe passar do prazer limitado ao êxtase insondável da existência ilimitada.

Um yogi de grande habilidade dissolverá a maior parte de sua carga kármica, ficando com um pequeno volume que pode ser resolvido pouco antes de sua saída final. No entanto, também há yogis que trilham o caminho do amor e da devoção – ou *bhakti*, como é chamado. Essas pessoas são capazes de partir pela pura intensidade da própria emoção. Elas não dissolveram todo o seu karma; na verdade, seu anseio é, em si, um karma profundo. Todavia, a intensidade de sua emoção lhes permite se distanciar do seu karma.

Quando uma pessoa dessas alcança o mahasamadhi, a estrutura kármica perdura algum tempo sem nenhum corpo etéreo ou de bem-aventurança dentro. É como uma casca vazia. Essa casca kármica se desfará com o tempo, embora às vezes precise ser quebrada para apressar o processo.

Avadhutas: seres de bem-aventurança

O propósito do yoga é abrir vários espaços dentro de você que *não são você*. A princípio, essa dimensão de *não você* pode ser só um pontinho. Aos poucos, à medida que você o nutre com a prática ou começa a purificar os detritos kármicos, esse espaço começa a se expandir. Chega o dia em que ele ocupa tudo dentro de você.

É aí que podemos dizer que você se tornou verdadeiramente meditativo. Agora você está num estado de equanimidade – em samadhi –, e a dança da dualidade não o toca mais. Você pode jogar o jogo exterior, se quiser. De qualquer forma, internamente, você está bem como está. Não se identifica mais com o jogo de *eu* e *você*.

Aqueles cujas identificações limitadas caíram tão completamente por terra que eles se tornaram incapazes de agir no mundo exterior são chamados de *avadhutas* em sânscrito. Os avadhutas são místicos que viajaram tão além da consciência mundana que se tornam completamente infantis. Às vezes são até percebidos como loucos. Eles abandonaram o intelecto de forma tão completa que não sabem sobreviver no mundo exterior e têm de ser cuidados.

Esses estados interiores podem não durar para sempre, mas duram um bom tempo, às vezes anos. São estados maravilhosos e bem-aventurados, mas deve haver apoio social às pessoas nessas condições, porque elas não conseguem cuidar de si mesmas. No entanto, tradicionalmente essas pessoas eram homenageadas na Índia. Houve avadhutas no país inteiro, seres maravilhosos reverenciados durante séculos depois de seu tempo.

Em períodos breves, é bom que as pessoas entrem nesses estados. É um pouco como varrer o andar de baixo da estrutura kármica. É preciso uma enorme tomada de consciência para chegar tão fundo dentro de si e realizar essa purificação. Mas, nesse tipo de estado, pode-se chegar ao fundo com muita facilidade. O avadhuta está em tamanha bem-aventurança que não tem karma, não tem amarras e tudo é naturalmente purificado para ele. Assim, às vezes os yogis permanecem um tempo nesse estado, porque esse é o caminho mais rápido para a libertação.

No entanto, na hora de sair do corpo, o yogi emergirá desse estado. Isso acontece porque é preciso consciência para abrir mão do corpo. O importante é abandonar o corpo num estado de consciência, sem criar mais karma.

Mantendo o corpo depois de estourar a bolha kármica

Como os seres iluminados sobrevivem? É possível manter o corpo físico depois de romper a bolha kármica? É possível viver depois de queimar todo o seu karma?

É, mas exige engenharia. Como os seres iluminados não têm mais uma pegada kármica, é dificílimo para eles manter a forma física. Os yogis têm vários truques para conseguir isso. Uma opção é criar karma consciente para manter o corpo. Muitos místicos de todas as eras fizeram isso. Senão, a tentação de deixar o corpo fica muito forte depois que a bolha kármica estoura.

Diferentes yogis criaram diferentes métodos. Muitos mantiveram alguns apegos conscientes simples: por uma missão espiritual ou pela comida. São desejos prosaicos que eles podem abandonar a qualquer momento. Os que os cercavam muitas vezes se confundiram com esse comportamento. Como alguém tão espiritualmente elevado podia se apegar a algo tão mundano? Mas em geral era a necessidade consciente de criar karma para manter o corpo físico.

Pouco depois da consagração do Dhyanalinga, meu corpo energético estava gravemente prejudicado. Eu o usara intensa e livremente, e ele não era mais adequado para continuar a vida. Em termos médicos, eu era um desastre ambulante. Caroços surgiam em diversas partes do corpo, mas dez dias depois sumiam. Eu fazia um exame de sangue e os médicos diagnosticavam várias doenças bizarras, mas, um mês depois, não havia sinal delas. Fiz o possível para restaurar o corpo energético, mas também busquei diagnósticos médicos para descobrir a extensão dos danos físicos.

Eu não teria como sustentar minha vida nessa época se não ligasse meu corpo energético aos sistemas energéticos de outros seres. Raramente falo dos detalhes, porque pareceria um conto de fadas. Mas menciono aqui para lhe dar uma noção de como toda a ciência do corpo energético é sofisticada.

Em termos existenciais, não há distinção entre a vida de um ser e a de outro. Mas, em termos físicos e mentais, é claro que há separação. Ao ligar os dois no nível energético, é possível criar para si um certo sistema de manutenção da vida. Foi o que fiz até consertar meu corpo físico. Levei muito tempo, porque mantive uma agenda de trabalho frenética durante todo esse período.

Misturar as próprias energias de vida às de outros é um modo de estender a vida ou de evitar certos eventos kármicos. Por exemplo, nos seis primeiros meses de 2005 ficou claro para mim que eu teria uma lesão grave no ombro direito. Não era uma lesão que pudesse ser evitada tomando cuidado. Era uma inevitabilidade. Mas, ao misturar meu corpo energético ao de outros, consegui confundir o processo kármico, por assim dizer, e evitá-la.

É possível estender a forma humana durante um tempo muito longo quando se sabe como fazê-lo. O Oriente é cheio de histórias de yogis que viveram centenas de anos. Hoje elas são consideradas mero exagero, mas uma ciência misteriosa e muito autêntica da longevidade possibilita isso. No entanto, a questão é: por que estender a vida humana à toa? Isso exige muita manipulação da energia de vida, o que provoca seu próprio quinhão de karma. Não é aconselhável intervir na vida nesse nível, a menos que haja um propósito específico para isso.

Há um incidente bem conhecido de um místico que se sentou para meditar às margens do rio Ganges, na Índia. Certo dia, houve uma enchente. Ele continuou a meditar e foi soterrado. Seis meses depois, quando aravam a terra, camponeses bateram acidentalmente em sua cabeça. A cabeça se feriu e começou a sangrar. Espantados, eles cavaram mais e encontraram o yogi que meditava. Ele simplesmente se levantou e foi embora.

Esse yogi estava "hibernando" sob a terra num estado alterado de consciência para prolongar sua vida. Ele sabia que seu corpo físico tinha chegado ao fim. Ao mesmo tempo, certas amarras kármicas permaneciam. Ele não quis abandonar o corpo físico e retornar mais uma vez em outra vida para resolver seu karma. Então decidiu prolongar sua vida por algum tempo para dar fim ao Karma Alocado de uma vez por todas.

Sistemas de cura energética

Os sistemas de cura energética se tornaram muito populares no mundo de hoje. Minha opinião sobre eles é bem clara. Embora a intenção de ajudar os outros seja louvável, é ingenuidade pensar que se pode curar alguém porque você aprendeu a controlar um pouco de energia nas mãos.

O que a maioria das pessoas não percebe é que, quando cura, você só apazigua o efeito kármico. Você não tem a capacidade de remover a causa. Se meramente remover o efeito, a causa fará efeito de outra maneira.

Digamos que alguém tenha asma. Esse é o karma desse indivíduo. Como curandeiro, você coloca as mãos nele. Pode ter sucesso e remover a asma. Agora a asma se foi, mas a causa, não. Ela pode se manifestar de outra maneira. Pode se tornar um acidente ou um infarto. Portanto, nunca busque remover o efeito. O efeito é apenas o indicador de um problema; se meramente o apagar, você só permitirá que as sementes do problema se manifestem de outra maneira.

Quando há dor no corpo, por exemplo, isso indica que há algum problema. A dor é uma oportunidade de levar consciência ao sistema para que você investigue o que está errado. Mas, se simplesmente tomar um analgésico sem cuidar da causa, a fonte principal do problema continuará crescendo, e um dia atacará com ainda mais força.

A única maneira de remover a causa é assumi-la em seu próprio sistema. Houve uma época em que eu fazia isso porque as pessoas com quem eu queria fazer um trabalho energético intenso estavam presas a certos ciclos. Naqueles dois anos, fui um homem muito doente. Num dia, adoecia; no dia seguinte, estava muito bem de saúde. Num momento, estava bem; no momento seguinte, ficava tão mal que todos achavam que eu ia morrer. Essas flutuações aconteciam simplesmente porque eu lançava minha energia de vida com liberalidade para todos os lados de modo a criar uma certa base para o trabalho que fazia.

Mas hoje só faço isso em raras ocasiões. Só intervenho se vir que a pessoa abandonou todas as identificações e só lhe restam alguns pequenos problemas kármicos incômodos. Essa intervenção é só para lhe dar o empurrão necessário rumo a seu ponto de chegada. Senão, como guru, nunca interfiro no processo kármico. Simplesmente ajudo a acelerá-lo.

Indiquei os riscos do trabalho energético a vários autodeclarados curandeiros. Muitos que examinaram esse trabalho com atenção desistiram. Aqueles para quem é um meio de vida lucrativo, continuaram. Se você oferece consolo psicológico aos outros, tudo bem. Mas curar as pessoas para que suas enfermidades realmente desapareçam é perigoso.

Convido os curandeiros a observar seus pacientes. Eles verão que, entre seis meses e dois anos e meio, seus pacientes terão outra turbulência na vida. E não para por aí. Se a primeira turbulência os atingir nos oito primeiros meses, a segunda virá nos três anos seguintes. Se essa segunda turbulência os atingir dentro dos próximos três anos, a seguinte virá dentro de cinco anos ou cinco anos e meio. Se procurar as datas, você verá que essas turbulências ocorrerão com precisão quase matemática. Mas, se os atingirem dentro de três meses, a primeira turbulência rapidamente se resolverá nos três anos seguintes.

Há vários padrões nessas turbulências. Quando encontro alguém que esteja passando por uma delas no momento, não é difícil para mim saber quando o atingirão de novo. Não prevejo a ruína, é claro. Em vez disso, digo: "Por que você não medita?" Ou: "Por que não pratica hatha yoga?" Quem faz alguma prática espiritual consegue lidar com o problema de dentro para fora e minimizar o impacto sobre você.

Você também descobrirá que, se tentar curar os outros, dentro de nove a onze meses muito sofrimento lhe acometerá. O sofrimento não precisa vir sob a forma de calamidades físicas. Pode ser psicológico também. Agora, se sua atitude é de absoluta equanimidade – "para mim não importa que ocorram tragédias" –, vá em frente com as curas. Mas não esqueça que está catalisando calamidades para a outra pessoa também!

Além disso, o que você talvez veja como mera dor em outro às vezes também é combustível para ajudá-lo a crescer. É uma pena tanta gente levar uma vida frívola e superficial até ser tocada pela dor. Não pense que vai sempre ajudar aliviando essa dor. Em vez disso, ajude as pessoas a ir além dela.

A orientação suprema que você pode oferecer é ajudar alguém a transcender o sofrimento. É o que os grandes sábios e místicos fizeram ao longo das eras. Eles lembram ao mundo que há uma saída ao sofrimento. Mesmo que haja dor, não precisa haver sofrimento. A habilidade de notar essa diferença é a suprema realização humana.

Pode parecer cruel, mas na verdade é a melhor coisa que você pode fazer pelo outro. Por quê? Porque você lhe oferece não alívio temporário, mas uma solução permanente.

Muita gente que segue alguma prática espiritual conquista pequenas capacidades, como a habilidade de curar ou prever o futuro. Mas essas competências não têm relevância espiritual. Nos programas mais avançados de meditação que conduzo, algumas pessoas são capazes de adquirir certos poderes sobrenaturais, ou *siddhis*, como dizemos em sânscrito. No entanto, assim que vejo esses poderes, eu os rechaço imediatamente, mesmo que isso perturbe a trajetória de crescimento da pessoa.

Como guru, não apoio siddhis. Eu os destruo. Não estou interessado em milagres. Eu interrompo essas capacidades na mesma hora porque, quando adquire esses poderes, a pessoa não segue mais o caminho espiritual. Ela vai montar seu circo, tentar ganhar dinheiro ou adquirir fama e transformar isso em negócio.

Não tente se tornar um franqueado da energia cósmica. E não tente se tornar um milagreiro. Minha única meta é ajudá-lo a reconhecer o milagre de vida que você é. Tudo o mais é distração.

SADHANA

É importante lembrar a si mesmo, sempre que puder, que tudo que você considera ser você é uma identidade adquirida.

Um modo simples de abordar essa percepção é ficar fisicamente exausto toda noite antes de ir para a cama. Você sempre dormirá bem e profundamente. Muitas ideias supérfluas que você tem sobre si cairão por terra, e assim o sono desse tipo pode ser rejuvenescedor em termos kármicos.

Mas há um exercício mais consciente que você pode fazer. Toda noite, sente-se na cama, de preferência de pernas cruzadas, com os olhos fechados. Lembre-se de que toda memória é acúmulo. Tudo que diz respeito a você é adquirido: suas ideias de nacionalidade, etnia, religião, todos os seus relacionamentos de gosto e aversão, amor e ódio.

Aos poucos, suavemente, comece a deixar de lado todas as coisas com que você tem alguma relação. Isso pode significar deixar pessoas de lado também, além de suas posses materiais. Lembre-se de que até seu corpo é um acúmulo.

Imagine que está no leito de morte e que vai morrer dali a dois minutos. Ponha de lado tudo o que não é você – suas sensações, seus pensamentos e emoções. Veja seu sono como a morte iminente. Talvez você sinta um misto de medo e luta dentro de você, no começo. Mas vai passar. Deixe seu corpo sentado e simplesmente se deite de olhos fechados. Vá para a cama assim.

Se fizer isso toda noite, muito karma pode ser resolvido. Se adormecer como se estivesse morrendo, você verá que seu karma quase não terá impacto sobre você. Com o tempo, verá que está passando do comportamento compulsivo para uma existência mais consciente.

Você renascerá diariamente.

TERCEIRA PARTE

Nota ao leitor

Esta seção é para os que leram o livro inteiro, mas ainda têm perguntas. Acredito que a Primeira e a Segunda Parte oferecem uma exposição abrangente do karma. Mas sou guru há tempo suficiente para saber que as perguntas têm seu jeito de surgir no fim de uma longa jornada.

Esta seção é para os que têm dúvidas triviais. Também é para os que refletem. Se a Primeira e a Segunda Parte abordam o *quê* e o *como* do karma, a Terceira Parte aborda os *mas* e *porquês*. A mente tem suas perguntas: Como isso funciona exatamente? Mas o que isso significa na verdade? O coração também tem suas perguntas: Por que isso tem de acontecer? Por que é tão difícil de aceitar?

Essas não são dúvidas de pessoas detalhistas ou desconfiadas. O karma está tão relacionado com a condição humana que não pode ser apenas um jogo mental. Em vez disso, essas são indagações de buscadores genuínos, aqueles que ainda tentam assimilar e internalizar esse material da maneira mais plena e profunda.

Nenhuma pergunta é realmente nova. Os seres humanos lidam com variações das mesmas perguntas desde o início dos tempos. Portanto, talvez você encontre várias das suas próprias indagações e hesitações abordadas nas próximas páginas.

Mas, se ainda houver dúvidas depois desta seção, tudo bem também. Este livro busca aguçar seu apetite, não saciá-lo de uma vez por todas.

Ele busca explorar o karma, não oferecer conclusões já prontas. Se ainda encontrar questionamentos se revirando dentro de você ao fim da leitura, isso só significa que está na hora de praticar yoga. Porque é no laboratório da autoexperimentação que toda pergunta recebe sua própria resposta não verbal.

E esse é o convite mais profundo no centro deste livro: um convite para passar de leitor a buscador.

◇◇◇

Conversas sobre karma

SUTRA Nº 10

No que diz respeito às leis da existência, não há
nem bem nem mal, nem crime nem castigo.
É só que, para cada ação, há uma consequência.

PERGUNTA: *Sadhguru, você diz que nossa vida é inteiramente criada por nós. Mas surgem perguntas para as quais não tenho respostas. Quando leio uma notícia sobre uma menininha que foi estuprada, por exemplo, posso mesmo dizer que ela mereceu porque é o karma dela?*
SADHGURU: O karma dela, não. O nosso karma.

PERGUNTA: *O que isso significa?*
SADHGURU: É o nosso karma. Karma não significa que Deus está sentado lá em cima castigando os maus e recompensando os bons. Isso não existe. Mas o tipo de sociedade em que vivemos não é nosso karma coletivo? O fato de vivermos sem nos envolver numa sociedade em que acontecem coisas horríveis não é nosso karma? Se todos nós vivemos sem nenhuma humanidade no coração por todas as atrocidades à nossa volta, esse *é* o nosso karma. Temos a sociedade que merecemos. Portanto, não pense nisso como o karma dela. Pense nisso como o seu. A inação também é karma.

Você faz essa pergunta porque leu essa notícia perturbadora. Mas se houver uma menininha em sua casa, você não fará todo o possível para garantir que ela fique protegida? Isso significa que a segurança dela está garantida? Não, mas você faz o possível para assegurar essa proteção. É o que precisamos fazer para toda a sociedade, para todas as menininhas, onde quer que estejam. E não é impossível. Em vários aspectos, tomamos nas mãos nosso destino coletivo.

Vejamos um exemplo simples. Hoje, quando há enchentes na Índia durante as monções, as pessoas exigem responsabilidade de suas respectivas organizações municipais. Isso porque veem as enchentes como seu karma coletivo, não como mero ato de Deus. Querem que as providências necessárias sejam tomadas para salvaguardar a segurança de todos os cidadãos.

Vejamos outro exemplo. Em 1947, a expectativa média de vida na Índia era de 28 anos. Hoje, é de 74. A razão de vivermos mais tempo hoje é que alguma providência foi tomada. A sociedade e a nação fizeram algo para melhorar a expectativa de vida no país. Esse não é nosso karma coletivo? Portanto, foram dados passos para que possamos ser felizes.

Há outras áreas de que não cuidamos tão bem no mundo, como a segurança de mulheres e crianças, como você mencionou, pela qual também somos coletivamente responsáveis. Se houver vontade coletiva, podemos colocar muitas coisas em ordem. Com ação coordenada e participativa, muito pode ser mudado. Mas se você atribuir tudo isso à vontade divina, a situação ficará eternamente da mesma maneira.

Não importa se você consegue perceber ou não como moldou seu karma coletivo. Só se veja como criador de seu karma. Se vir que essa é sua teia kármica, que é criada por você, naturalmente você estará consciente no momento seguinte. Se atribuir sua sorte a outra pessoa, você só agirá inconscientemente. Quando, no entanto, se vê como criador de seu karma, isso molda seu modo de pensar, sentir e agir. Aí você percebe que tem o poder de afetar a vida de muitos, muitos outros à sua volta.

Mas lembre-se disto: para cada pensamento gerado por você, há uma consequência. Nunca tente consertar a consequência. A consequência acontecerá de qualquer modo. Não é algo que você possa controlar.

Mas o processo é criado por você. Se gerenciar bem o processo, a consequência será boa. Pode ter certeza disso.

PERGUNTA: *Tenho um amigo que perdeu as pernas porque teve poliomielite ao nascer. Que tipo de karma passado poderia provocar uma consequência tão terrível?*

SADHGURU: Você está cometendo novamente o erro de interpretar o karma como um sistema de recompensa e punição. O primeiro passo é vê-lo como software. Nada mais.

Cem anos atrás muito adultos e crianças eram afetados pela pólio no mundo inteiro, mas hoje esse número se reduziu drasticamente porque estamos fazendo o karma certo. O que é o karma certo? Estamos vacinando nossos filhos. É uma pena que não soubéssemos a importância disso antes, mas essa ignorância também era nosso karma coletivo. É bom que estejamos fazendo algo a respeito agora.

No que diz respeito às leis da existência, não há nem bem nem mal, nem crime nem castigo. É só que, para cada ação, há uma consequência. As ações podem acontecer consciente ou inconscientemente. Assim, quando realiza uma ação, só há uma única pergunta relevante: você está preparado para a consequência dela? Se puder aceitar alegremente qualquer consequência, faça o que quiser. Mas, se a consequência for importante para você, realize ações conscientes.

Agora, suponhamos que você esteja no carro de um amigo embriagado. Se ele bater com o carro, você também pode se ferir gravemente. Dizer "Isso é injusto; o karma é dele, não meu" será absurdo. Seu karma é estar com um motorista bêbado. É assim que a existência funciona. Se estiver afinado com ela, ela não o esmagará. Se não estiver afinado com ela, ela o esmagará.

Talvez você tenha perdido as pernas porque não soubesse da pólio; estivesse com um amigo bêbado; ou não conhecesse nada sobre a força da gravidade e por isso despencou do telhado. Os roteiros são diferentes, mas a consequência basicamente se deve a você estar no lugar errado num determinado momento. Como qualquer um de nós pega uma infecção? Simplesmente por estar no ambiente errado. Ou, de qualquer modo, num ambiente que é certo para o vírus e errado para nós!

Por que algumas pessoas estão no lugar errado e outras, não? Pode soar cruel e caprichoso, mas é assim que a vida funciona. Você pode ser uma pessoa maravilhosa, um grande filantropo, muito amado por sua família e amigos, mas se hoje comer a comida errada, amanhã terá uma intoxicação. Não será poupado por ser um homem bom. Está na hora de parar de pensar em bem e mal. Precisamos urgentemente de pessoas sensatas neste planeta agora, pessoas que façam a coisa certa na vida. Pessoas que operem com base no *sentido da vida*.

Não sabíamos muito sobre as doenças no passado. Não sabíamos como as contraíamos nem como tratá-las, se era cólera, peste ou pólio. Aos poucos, entendemos como combatê-las, mas ainda há outras enfermidades que não sabemos tratar. É triste que muita gente tenha precisado pagar o preço de nossa ignorância. Mas pelo menos estamos fazendo algo para alterar nosso karma coletivo.

Agora, sem trivializar de jeito nenhum a situação do seu amigo, quero que você veja que vantagem e desvantagem só existem em termos de comparação. Suponhamos que ninguém tivesse pernas; todos nos arrastaríamos por aí muito bem. Como a maioria das pessoas tem pernas, acreditamos que quem não tem sofre. Se ninguém tivesse olhos, não consideraríamos a cegueira um problema. Mas comparar-se com os outros é o problema. E esse é o karma.

Está na hora de pararmos de nos concentrar na desvantagem. Podemos todos realizar o mesmo tipo de atividade física e mental? Não. Alguns podem fazer mais, outros menos. Mesmo com pernas, muita gente não consegue correr. Assim, socialmente, se criarmos uma situação que não estabeleça discriminação ou uma atmosfera que não tenha um excesso de pena sentimental, não haverá problema. Se você tratar seu amigo como trata a si mesmo, ele ficará bem. Não o trate com empatia presunçosa porque o vê como objeto de compaixão. Fisicamente, ele não consegue fazer algumas coisas; você pode ajudá-lo nisso. De resto, é só tratá-lo como trataria qualquer outro ser humano.

A sociedade precisa ser madura o suficiente para lidar com essas deficiências. Se essas pessoas forem tratadas como normais, seu sofrimento desaparecerá, porque o sofrimento delas não é físico. A dor é física, mas o sofrimento é inteiramente psicológico. Agora, você pode ficar em casa chorando porque não consegue jogar futebol como o Ronaldinho! Pode se considerar desfavorecido e deficiente. Mas é tolice fazer isso, com você ou com qualquer outra pessoa. Ofereça assistência física a quem precisa, mas não exagere o problema do outro nem o faça se sentir vítima.

SUTRA Nº 11

Quando a experiência é consciente, não há impressão de karma. Toda ação e experiência conduzem à libertação.

PERGUNTA: *O karma pressupõe vidas passadas, Sadhguru? Preciso acreditar em reencarnação para entender o karma?*

SADHGURU: Não, não é necessário. Não dê ouvidos se outra pessoa estiver falando de vidas passadas. Ao examinar seu karma, concentre-se apenas nas áreas de aprisionamento que são uma realidade para você. Comece de onde se inicia a sua experiência. Você só pode começar de onde está. O esforço para começar com algo que não está em sua experiência levará a estados alucinatórios.

Do momento do seu nascimento ao momento presente, examine o modo como você pensa e sente. Pelo menos desde que nasceu, dá para ver que suas ações passadas dominam você de muitíssimas maneiras. E o próprio jeito como pensa, sente, entende e se exprime agora afetará seu futuro.

Não falemos das coisas que não estão em seu campo de experiência. Senão, toda a sua vida pode se passar em autoengano. Esses enganos lhe dariam assunto para um jantar. Podem levá-lo por uma noite, mas não o levariam pela vida e pela morte!

Se eu lhe falar de suas vidas passadas, estarei meramente lhe dando uma história, uma crença, não uma experiência. Um sistema de crenças não lhe oferecerá crescimento; ele só lhe oferece consolo ou diversão. Se eu lhe disser que Deus cuidará de você, isso só lhe oferecerá consolo. O consolo é como um tranquilizante; significa que você só está se aprofundando no emaranhamento. Não vai libertar você.

Neste exato momento, você não é capaz de lidar com a memória desta vida aqui. Ainda sofre pelo que lhe aconteceu dez anos atrás! Quando está nessa condição, lembrar-se do que lhe aconteceu dez vidas atrás poderá enlouquecer você! Portanto, não adianta nada especular sobre vidas passadas. Ao mesmo tempo, não descarte a ideia. Você pode simplesmente admitir que não sabe.

Por enquanto, basta você ver o que chama de "vidas passadas" como as camadas inconscientes da memória na mente. Se meditar e atingir níveis elevados de consciência, essas camadas inconscientes da mente que dominam você por dentro poderão se desfazer, se dissolver.

Gautama, o Buda, descrevia suas vidas com muitos detalhes, inclusive todas as suas vidas animais, até o estado de um organismo unicelular. Em vários aspectos, a descrição dele tem paralelos na teoria da evolução de Darwin. Você pode ver isso como uma jornada pelas camadas mais profundas da mente inconsciente. Gautama conseguia acessar tudo isso dentro da própria consciência, sem ajuda de microscópio, simplesmente porque se voltou para dentro. Inúmeros yogis fizeram isso.

No nível das informações, saber alguma coisa sobre suas vidas passadas não traz benefício nenhum. Mas, num nível energético mais profundo, passar por experiências prévias pode ajudar. O que olhar o passado pode fazer é ajudá-lo a chegar a uma compreensão mais profunda daquilo que forma a pessoa que você chama de "eu".

Há camadas e camadas de memória no inconsciente. Karma Samyama, um programa espiritual avançado que realizamos no Isha, é uma meditação que traz camadas do inconsciente à superfície para dissolvê-las. Tudo que é kármico só se dissolve quando a mente discriminatória está em funcionamento. Se só deixar esse material sem examiná-lo, ele se enrijece e se torna uma tendência. Essas tendências agem em você o tempo todo.

Sei que hoje há um grande circo psicológico em torno de regressões a vidas passadas. Boa parte disso é pura alucinação. É preciso entender que a mente é um instrumento incrível. Ela pode enganar você de muitas maneiras sutis. Suponha que você descobrisse que o cão do vizinho foi seu marido numa vida anterior; como isso lhe traria algum benefício? Se você vai lá beijá-lo ou lhe jogar pedras, não importa. As duas atitudes são perigosas! (Se jogar pedras nele, terá problemas com o vizinho. Se o beijar, terá problemas com o cachorro!)

Mas, num plano diferente, se conseguir levar essa memória à sua existência, ela se torna um caminho para a sua libertação. Em Samyama, nenhuma sugestão lhe é dada; nenhuma orientação lhe é dada. Mas o processo permite que camadas e mais camadas do passado venham à superfície e sejam resolvidas, levando-o a um certo nível de tomada de consciência intensa. Agora você está livre de vários impulsos e tendências.

A outra vantagem é que um processo como esse pode desfazer algumas ilusões suas. Neste momento, você considera que sua vida é seu lar, seu cônjuge, seus filhos, seu trabalho. Mas suponha que você olhe mais fundo e veja que passou por muitas vidas, muitos cônjuges, dezenas de filhos, encenou as mesmas velhas coreografias – a mesma raiva, o mesmo ciúme, o mesmo ódio, as mesmas ambições, a mesma tolice – e morreu frustrado todas as vezes. Quando tiver uma visão clara disso, suas ilusões presentes poderão ser desmanchadas com muita facilidade. E ensinamento nenhum conseguirá isso. Simplesmente olhar o passado pode fazer você se sentir absolutamente idiota. Quanto mais olha uma coisa, menos fascinante ela se torna. Ao perceber que você encenou os mesmos padrões várias e várias vezes, eles perdem força.

Caso recorde dezenas de vidas, você não terá nenhuma ânsia de passar pelas mesmas bobagens outra vez. Assim que souber que o caminho mortal é apenas uma repetição, buscará outro caminho: o caminho eterno. Na verdade, ninguém quer ficar repetindo a mesma lenga-lenga várias vezes. Poucas pessoas são tão tolas assim; a maioria só é esquecida.

O problema é que, quando passa pelas experiências de forma inconsciente, você não aprende com elas. Não importa quantas vezes aconteçam; se continuar esquecendo, repetirá as mesmas ações. No entanto, se for consciente, a experiência sempre o transformará. No Samyama, você resolve seu karma não no nível da memória, mas no nível da experiência energética consciente.

Mesmo agora, sua personalidade é uma projeção de muitas vidas passadas. Mas essa é uma projeção inconsciente. Caso se torne uma projeção consciente, você verá que a raiva ou o ciúme que sente agora se transformarão em amor e compaixão. Se vir que sua raiva e resistência só se devem a influências passadas, elas se transformarão instantaneamente em algo positivo. É porque você não consegue ver que sua personalidade atual é apenas uma projeção do passado que você se agarra a ela.

Certa vez, aconteceu.

Um homem de 70 anos que tinha muito medo de voar reuniu toda a sua coragem e decidiu pegar um avião. Era uma aeronave pequena. Quando pousaram, ele foi até o piloto com o rosto corado e lhe agradeceu.

– Quero lhe agradecer pelas duas viagens – disse com gratidão.

– Como assim, duas viagens? – perguntou o piloto. – O senhor só voou uma vez.

– Não, não, voei duas vezes – disse o passageiro. – Esta foi minha primeira e última viagem!

A experiência é assim. Quando é consciente, não há impressão de karma. Toda ação e toda experiência conduzem à libertação. Depois de provar uma coisa conscientemente, não há necessidade de continuar voltando a ela. Esse aspecto do karma está terminado.

PERGUNTA: *Então, supondo que vidas passadas existam, como a máquina funciona? A criança escolhe os pais? Ou os pais determinam a herança kármica do filho?*

SADHGURU: Sim, a criança escolhe os pais. Mas a seleção não significa que a escolha seja consciente. É assim: ao deixarmos um grupo entrar num auditório, cada pessoa encontra seu lugar. A razão de você optar por um lugar específico é o seu karma. Se seu karma é dor nas costas, você se instala perto de uma parede nos fundos. Se seu karma é o do aluno que sempre gostou de se esconder na aula, talvez escolha se sentar atrás de uma pessoa grande. Se seu karma é querer ser notado, você pode escolher a primeira fileira. Essas decisões podem ser inconscientes, mas existem.

Do mesmo modo, seu karma faz você se instalar num útero específico. Em outras palavras, você escolhe um ambiente com o qual possa compartilhar tendências ou atributos. Não é que duas pessoas sejam nomeadas seus pais. Não é assim que funciona. É como um conector aguardando um soquete adequado. Assim que acha o lugar adequado com certas semelhanças ou afinidades, ele se instala lá. Isso é tudo.

É por isso que, na Índia tradicional, tomava-se um cuidado elaborado com os preparativos e rituais em torno da concepção. Até certo ponto, alguns rituais simples continuam. Escolhia-se uma data auspiciosa para cada casamento, porque aquela seria a noite em que a mulher conceberia. Então se determinava a época certa do mês e se criava um ambiente e uma situação energética agradáveis para que a concepção acontecesse na melhor condição possível. Isso era feito tanto para o benefício da mulher quanto para o da nova vida que estava sendo criada dentro dela. Se a concepção acontecesse num certo estado de alegria e amor, naturalmente atrairia um certo tipo de vida. Se acontecesse num estado desagradável, atrairia outro tipo de vida. É claro que isso acontecia num contexto tradicional em que o casal em questão era jovem. Hoje, esse arranjo social não é possível, mas os casais ainda podem organizar uma situação muito agradável e repleta de vivacidade energética para si e assegurar que produzam uma nova geração melhor.

Mas não podemos generalizar essas questões. Isso não significa que condições felizes só produzirão filhos felizes. A manga pode atrair a mosca. Mas a mesma mosca também é atraída por um monte de bosta. A atração kármica pode funcionar de diferentes maneiras. Às vezes, o estado perturbado da mente pode atrair um ser belo, porque um tipo de personalidade pode se sentir atraída pelo tipo oposto. Portanto, não comece a julgar o tipo de pessoa que você é com base em seus filhos. Seu filho pode ser maravilhoso apesar de você!

Mas, em essência, as tendências levam a criança a um útero específico. E, como a criança lhe chega nesse estado tão sensível, você tem uma enorme capacidade de influenciá-la. Você pode acentuar seu aspecto agradável ou desagradável.

É claro que você não tem controle total. Ninguém tem controle total sobre ninguém. Com as crianças, quanto menos você tentar influenciá-las, mais elas serão influenciadas por você. Quanto mais tentar influenciá-las, menos sucesso terá.

Agora, é por causa do karma que até a criança não nascida tem uma certa personalidade incipiente. Se perguntar a mulheres que tiveram mais de dois ou três filhos, elas lhe dirão que cada filho se comporta de maneira diferente no útero. A base ou a semente da personalidade já está presente. É isso que chamamos de karma. O corpo kármico já está presente em sua inteireza no estágio pré-natal. Quando nasce, a criança tem tanto corpo kármico quanto você. É só que o corpo físico ainda não se desenvolveu.

No entanto, isso não significa que a criança esteja à mercê do karma dos pais. Algumas escolhas ainda existem. Digamos que seu pai seja um criminoso. Você pode escolher seguir seus passos e se tornar criminoso também; ou, se tiver consciência e inteligência, pode exercer a escolha e optar por outro tipo de vida. Os genes podem ser os mesmos, o ambiente pode estar dominado pelo crime, mas alguns ainda assim crescerão além disso. A partir do momento em que há certo distanciamento entre você e tudo o que coletou, você pode fazer qualquer coisa com sua vida. A partir do momento em que há certo distanciamento entre você e seu karma, você está livre.

SUTRA Nº 12

Você não pode possuir a vida; só pode vivê-la.

PERGUNTA: *Você disse que, depois da morte, só é possível agir de acordo com as próprias tendências. Isso significa que resolver o karma nesse estado levará muito tempo. Mas é possível resolvê-lo no estado desencarnado ou é preciso assumir outro corpo e voltar à forma humana?*

SADHGURU: A pergunta que você está fazendo é assim: "Eu estava dirigindo meu carro e adormeci. No sono, ainda consigo ir aonde quero?"

É claro que você irá para algum lugar, mas aonde? Porque essa é a natureza da inconsciência. Quando está inconsciente, o local aonde você vai não é escolha sua. Até a folha seca vai a algum lugar, mas aonde? Ela não pode decidir. O vento decidirá. Até a formiguinha sabe exatamente aonde quer ir, mas qualquer ser que se torne totalmente inconsciente não pode escolher. Uma vez que tenha perdido a parte de sua mente capaz de discernir, você não terá escolha. Aonde quer que as tendências o empurrem, será para lá que você irá.

Agora, sua pergunta é: "Posso desfazer meu material kármico depois de desencarnado?" Achei que você planejasse fazer isso aqui, enquanto ainda está vivo! Por que quer fazer isso depois de perder seu corpo e seu discernimento? A dimensão mais importante de sua existência neste momento é que você tem uma mente discriminatória. Se tiver algum bom senso, escolherá o que é melhor para sua vida. Isso é o mais importante. Você usará seu discernimento para transformar sua vida na vida mais maravilhosa possível? Essa é a única pergunta que conta.

Mas, sim, quando você escolhe com base na tomada de consciência e no discernimento, então desfazer seu karma é muito rápido. Quando não tem uma mente discriminatória, alguns aspectos continuarão a se desfazer devido ao processo natural de evolução. Mas o processo todo é excessivamente lento.

Aconteceu.

Um homem conseguiu uma hora marcada com Deus e lhe perguntou:

– Pai, é verdade que um bilhão de dólares nos Estados Unidos é só um centavo para o senhor? E é verdade que um milhão de anos para nós é só um segundo, um momento para o senhor?

– Sim, meu filho, é assim – respondeu Deus. – Essa é a proporção entre o lugar onde você vive e o lugar onde eu vivo.

– Pai, só para que eu me lembre do senhor para sempre, poderia me dar um centavo? – pediu o homem.

– Espere um momento – respondeu Deus.

Portanto, essa é a escala de que estamos falando! Nem pense em trabalhar seu karma depois de desencarnar. Quando estiver inconsciente, quando você tiver perdido suas faculdades, uma quantidade minúscula de karma poderá se desfazer. Mas isso não é importante. Você nem deveria pensar nisso.

Há tradições, inclusive a do yoga, em que, se a pessoa fizer um trabalho interior substancial e uma pequena parte do karma continuar intacta, ela receberá algum auxílio exterior depois que perder o corpo. O auxílio exterior é oferecido para romper o aprisionamento kármico.

Agora, a pergunta seguinte de alguns será, inevitavelmente: "Sadhguru, se eu parar todas as minhas práticas, você tomará conta de mim depois que eu morrer?"

Portanto, não esqueça; eu disse *se* um trabalho interior substancial for feito e só restar pouco karma! Não se preocupe com o que lhe acontecerá depois que morrer. Se deseja ajudar os outros que morreram, há certas dimensões e possibilidades de sadhana que abrirei nos próximos anos para fazermos algo genuinamente efetivo a fim de ajudar os que estão desencarnados.

PERGUNTA: *O que acontece com os seres que morreram quando seu corpo energético ainda estava vibrante?*

SADHGURU: Se o corpo energético ou prânico ainda estiver vibrante, esse ser não consegue encontrar outro corpo durante algum tempo. O corpo energético precisa se acalmar. É por isso que quem morre num acidente, comete suicídio ou contrai alguma doença súbita às vezes se demora no estado desencarnado. Esse corpo prânico ainda tem desejos, anseios, inclinações fortes, que precisam seguir seu curso. É uma condição como um limbo, e tradicionalmente se realizavam vários rituais na Índia para apressar o caminho desse ser. Alguns desses rituais eram apenas para o consolo psicológico dos vivos. Mas até hoje, se forem realizados por quem sabe o que está fazendo, tais rituais podem acelerar o processo desse ser.

As pessoas anseiam por morrer em paz por esta razão: o prana ou energia de vida completou seu caminho e pode se desemaranhar facilmente. É como a fruta madura que cai da árvore. No momento em que cai, com a fruta madura ao seu redor, a semente lança raízes imediatamente, com o alimento necessário em torno de si. Veja, a semente tem o adubo necessário em volta de si; na verdade, a fruta é adubo para a semente – por acaso costumamos comê-la antes que realmente vire adubo! Outra função da fruta é atrair animais e insetos que levem a semente para outro lugar e a deixem cair em locais onde possa criar raízes novamente. Assim, quando morrem depois do ciclo completo da vida, as pessoas caem sem luta, doença nem lesão. O prana alcança certo nível de serenidade e se desemaranha.

Agora, o que chamamos de *mahasamadhi* é o inverso: levar o prana a um certo estado de intensidade e maturidade na estrutura de modo a não poder mais ser mantido na forma física. A razão pela qual os yogis buscam essa morte é porque é natural e sem esforço. Se você morrer de doença ou acidente, há violência na morte. O impacto residual dessa violência perdura de várias maneiras no corpo sutil.

Agora, talvez você pense: existe tempo para o ser desencarnado? Sim, há tempo cíclico no estado desencarnado, mas não no modo que o entendemos aqui. Se o corpo energético estiver num estado de grande prazer, não haverá urgência de assumir de novo outra encarnação física. Se estiver inquieto, a urgência será maior. Pense em termos de sua própria vida. Se estiver deprimido, um minuto parece um dia. Se estiver alegre, um dia é como um minuto. Para o corpo energético em sofrimento, um único dia pode parecer cem anos; mas, para o alegre, cem anos podem parecer um dia.

Assim, para os que morreram sem viver o ciclo completo, o Karma Alocado ou prarabdha tem que se desgastar. O corpo prânico tem que alcançar certo estado de passividade ou inércia. Isso acontece quando não há mais nenhuma substância kármica ativa. Então, a nova alocação ou parcela de prarabdha começará a se manifestar. Quando isso acontece, o corpo energético recupera sua vibração e assume outro corpo físico.

PERGUNTA: *Alguém consegue resolver seu Karma Acumulado, ou sanchita, numa única vida? Se a pessoa segue acumulando karma à medida que o descarta, parece um processo sem fim!*

SADHGURU: Para o ser iluminado, como eu já disse, o desafio é como *acumular* karma. Para o ser iluminado, é assim: você toma cuidado para não queimar todo o seu karma. Você queima o depósito, e deixa só um saco. Então, quando vê que não tem como viver, você leva uma bolsinha para as despesas de hoje! Você cria um propósito e então o resolve. Essa é a estratégia para o ser iluminado.

Mas, para o buscador, eu diria: não se preocupe em se livrar do karma. Só se preocupe em não adquirir karma novo. Em si, essa ansiedade – "quero me livrar de meu karma" – gerará mais karma. Portanto, não se prenda à intenção de queimar tudo. O karma se derreterá com o próprio processo da vida; viver, por si só, é queimar karma.

O karma não é um tipo de punição. É só informação. O modo como você leva sua informação determina se ela se tornará pesada, restritiva, dolorosa, alegre ou libertadora. Tudo depende de como você a leva. Hoje, seu celular sozinho não leva toda a sua memória; uma nuvem inteira o segue por todo lado. Aprender a levar seu karma assim é bom. Se seu karma o segue mas não fica pesando na sua cabeça, que importa? Você não fica sobrecarregado, portanto quanto maior a nuvem, melhor. Ter mais gigabytes é sempre melhor, não é?

Agora, como não reunir karma? Como vimos, a coisa mais simples que você pode fazer é tornar seu envolvimento absoluto, não seletivo. O ar que respira, o som que ouve, o chão onde se senta – esteja absolutamente envolvido com tudo isso. O envolvimento irrestrito é a própria natureza da vida. A árvore está envolvida com tudo – a terra, a água, a brisa, o céu, tudo. A vida só vai florescer se o envolvimento for total. Assim que você discrimina, o karma se multiplica muito.

É a isso que todo ser humano deveria aspirar: discriminação só no nível da ação, não do envolvimento. A ação é necessariamente limitada. Ela envolve algum gasto de energia, tempo, competência e outros fatores. Só é necessário ter discernimento no nível da ação; senão, você se desgasta sem necessidade. Mas o envolvimento é um estado interior e precisa ser totalmente inclusivo.

As ideias baseadas em seletividade – "esta é minha casa", "este é meu trabalho", "este é meu país" – só são relevantes no nível do comportamento e da ação exteriores. É um fato que você não pode fisicamente dar à luz todas as pessoas deste planeta. Mas, internamente, você pode estar tão envolvido quanto estaria com seus próprios filhos. Talvez não seja capaz de alimentar ou educar todas as crianças, mas ainda pode se envolver genuinamente com toda a criação. No momento em que busca abreviar e concretizar esse movimento natural da vida que tenta constantemente evoluir e irromper, você se transforma num monumento!

A vida não pode ser possuída. A necessidade de possuir a vida é responsável por muito sofrimento neste planeta. Digamos que você conheça alguém e diga "amo você". É muito gostoso durante três dias. Então você acha que tem que capturar esse amor. Bom, aí você acaba com um casamento! Não há nada errado nisso. Mas a beleza da experiência não pode ser capturada; não pode ser institucionalizada. Essa é a razão fundamental para o karma ter se tornado um problema. É porque você está tentando capturar a vida. Você não pode possuir a vida; só pode vivê-la.

SUTRA Nº 13

Neste momento, você é como uma bolha que diz:
"O ar que guardo nos meus pulmões é meu ar."
Ainda assim você tem que expirar!

PERGUNTA: *Sempre quis saber o seguinte: se há um certo número de seres que precisam se libertar de seu karma, por que a população humana está sempre crescendo? De onde vem toda a nova substância kármica?*

SADHGURU: O jogo dos números só funciona com a dimensão física. Na dimensão não física, ele não faz sentido. Você está confundindo a dimensão não física com a física.

Com o corpo kármico de uma só pessoa, é possível fazer um milhão de crianças! Isso não significa que um milhão de pessoas tenham que morrer e um milhão de mulheres tenham que engravidar e esperar para receber esse milhão de seres. Um único corpo kármico pode se manifestar em um milhão de úteros.

Assim, esse ser que você chama de "eu" neste momento não é uma quantidade. Sempre uso terminologia negativa para a sua imaginação não sair voando com você. Deixe-me descrever esse "você" como espaço vazio ou escuridão. (Se eu o descrever como luz ou como Deus, você começará a alucinar. Se eu lhe disser que é luz, você dirá imediatamente ao vizinho que é luz divina. Se eu lhe disser que é Deus, você começará a ter ilusões. Não há muito que você possa imaginar sobre o vazio, portanto fiquemos com essa descrição.)

Assim, esse espaço vazio dentro de você é como uma bolha. O karma é a parede da bolha. Sem a substância kármica, você não tem existência. É só por causa da substância kármica que você está colado no corpo. Se todo o seu karma for removido, você não conseguirá se segurar no corpo. Mesmo que possa escapar de um corpo físico, a substância kármica ainda estará aí. Assim, mesmo que esse corpo perca sua vibração, a substância kármica encontrará outro corpo.

Agora, quando dizemos que queremos a libertação, ou *mukti*, o que estamos realmente dizendo é que queremos furar essa bolha de tal maneira que o vazio interior se torne um com o vazio do lado de fora. Assim que você estoura uma bolha, o ar de dentro se torna parte de tudo em volta, não é? Funciona da mesma maneira com a bolha kármica. A iluminação significa a mesma coisa: significa que a bolha estourou. Para a maioria dos seres, o momento de iluminação e o momento de deixar o corpo são o mesmo. Só alguns que conhecem os truques do corpo – sua mecânica fundamental – conseguem reter o aspecto físico por algum tempo depois da iluminação.

Agora, se as energias de vida ficarem intensas demais, você não consegue reter o corpo. Se as energias de vida se tornarem fracas demais, você também não consegue reter o corpo. Portanto, só se as energias de vida estiverem dentro de uma certa faixa de intensidade o corpo pode ser retido. É por isso que há dois tipos de yoga no mundo. Um cujo objetivo é se recolher do mundo, o que significa tornar as energias de vida tão fracas que você possa abandonar o corpo. O outro tipo de yoga tem como objetivo acelerar as energias a uma frequência tão alta que o físico já não consiga mais contê-la. Socialmente, a abordagem da aceleração pode ser mais apreciada. Mas, existencialmente, uma não é superior à outra. Ambas alcançam o mesmo fim.

Portanto, na verdade não existe "você" e "eu". Neste momento, você é como uma bolha que diz: "O ar que guardo nos pulmões é *meu* ar." Ainda assim você tem que expirar! Quando faz isso, seu ar se torna o ar de outra pessoa, e o ar de outra pessoa se torna seu ar. "Meu ar" não existe, mas, quando você o guarda nos pulmões, ele se torna você por aquele breve período de tempo. Por isso, aquele aspecto limitado do divino guardado dentro de si você chama de alma. Em sânscrito, chamamos *atma*. Nós a diferenciamos do divino, que chamamos de *paramatma*.

Quando a bolha estoura, é tudo paramatma. Mesmo agora, é tudo paramatma, mas falamos em alma, ou atma, porque gostamos de acreditar que o ar em nossos pulmões é "nosso" e que a comida em nosso estômago é "nossa". Acreditamos que nossa carne, nosso sangue e nossos ossos são "nossos" e até mesmo "nós". Na verdade, atma, ou alma, é apenas uma criação imaginária. É algo que realmente existe em seu contexto atual, mas, existencialmente, não é. Na verdade, só há paramatma. Mas acabamos brigando por "minha" divindade e "sua" divindade, "meu" ar e "seu" ar.

Portanto, o corpo kármico de uma só pessoa pode se transformar em um milhão de crianças! O mesmo karma pode ser resolvido por vários seres. Não há aritmética fixa no que diz respeito às almas. O atma é nossa própria criação. E é relevante apenas num contexto subjetivo limitado.

Isso pode acontecer e, de fato, aconteceu no passado. Digamos que meu corpo tenha morrido e eu seja incapaz de sustentá-lo. Tenho que deixá-lo, mas tenho pressa de terminar algum trabalho inacabado que talvez me tome mais cinco anos. Talvez eu não queira passar por um útero, nascer, crescer, talvez me perder de novo e ter que fazer sadhana para encontrar outra vez o caminho de volta à minha missão central. Então posso escolher encontrar um corpo adulto adequado que vai ser descartado por outra pessoa e habitá-lo. Isso significa que posso completar meu assunto inacabado.

O material kármico pode, sem dúvida, assumir mais de um corpo. Ele é capaz de sustentar mais do que uma forma física. Já falei sobre como isso me aconteceu numa vida anterior. Quando eu era Sadhguru Sri Brahma e as situações da vida me impossibilitaram de continuar minha missão de consagrar o Dhyanalinga, assumi o corpo de uma criança yogi que já deixara seu corpo. Por algum tempo, administrei dois corpos numa tentativa inútil de consagrar o Dhyanalinga. Tentei isso porque sabia que o fim físico daquele corpo como Sadhguru Sri Brahma viria dali a poucos meses.

A tradição também conta histórias de outros yogis que mantiveram dois corpos diferentes para cumprir dois tipos diferentes de karma. Houve yogis que habitaram o corpo de um asceta e de um chefe de família para cumprir certas dimensões de atividade que não poderiam ser executadas com um só corpo. Houve também casos de dois yogis dividindo o mesmo corpo. Às vezes é mais simples dividir o corpo de outro yogi e cumprir suas obrigações kármicas em vez de passar pelo processo de encontrar um útero e recomeçar.

PERGUNTA: *O milhão de crianças produzidas pelo mesmo corpo kármico serão parecidas?*

SADHGURU: Não necessariamente. Há muitos outros fatores em ação também: influências genéticas, influências familiares, influências sociais. O corpo kármico representa apenas uma certa quantidade de informação. O restante vem dos pais, da educação, da sociedade, do ambiente cultural e de uma série de outros fatores. Portanto, isso não significa que o corpo kármico sempre se manifestará como o mesmo tipo de ser humano.

SUTRA Nº 14

Ao manter um distanciamento de seu pensamento e de sua emoção, você pode se tornar disponível para a graça dos maiores seres do passado.

PERGUNTA: *O que exatamente você quer dizer com karma coletivo? Como o karma individual se cruza com o karma coletivo?*

SADHGURU: O problema é que você está pensando de novo em termos do indivíduo como separado do resto. Isso não existe.

Hoje, os psicólogos falam desse aspecto do inconsciente individual que está conectado com um inconsciente coletivo maior. É isso que queremos dizer com karma coletivo. Como realizamos certas ações, o karma se acumula. Isso tem consequências individuais e coletivas.

Imagine um lago cheio d'água. Você vai lá e enche um balde d'água. Depois, enche outro. A água do primeiro balde é diferente da água do segundo? Você pode falar "desta" água e "daquela" água? Com a vida, é a mesma coisa. Você não pode falar "desta" vida e "daquela" vida.

Neste momento, se você se dispuser, o karma de Adiyogi, o primeiro yogi e primeiro guru, pode se tornar seu. Ele já se tornou nosso de várias maneiras. Há muitas coisas que utilizamos hoje e que ele alcançou por meio de seu karma. Ele se tornou nosso karma. Você pode nunca ter passado pelo sadhana que ele passou, mas pode gozar dos frutos do karma dele porque ele simplesmente está por aí, disponível a todos.

Isso significa que o karma de Adiyogi é grande a ponto de acomodar muitos outros seres. É por isso que tantos seres iluminados realizaram ações. Eles não precisam disso. A ação não é mais necessária para eles. Mas eles a realizam para produzir mais karma positivo. Em vez de um só yogi, dez podem vir com o mesmo karma. Essa é uma tremenda possibilidade.

Não pense na ação como algo pertencente a uma pessoa específica. Todo pensamento que você gera encontra uma certa impressão neste universo para todo o sempre. Todo pensamento que ocorreu a Adiyogi, todo pensamento que ocorreu a Krishna ou a Buda, tudo isso ainda tem uma presença. Agora, ao criar o tipo certo de situação dentro de si, você pode acessar esse karma. Pode receber os pensamentos de Adiyogi ou, ao criar outro tipo de situação, pode receber os pensamentos do Buda. Em outras palavras, o karma deles se tornará seu karma. Ao manter um distanciamento de seu pensamento e de sua emoção, você pode se tornar disponível para a graça dos maiores seres do passado.

Mas não pense que você pode realizar qualquer ação que escolher e ainda coletar o karma bom de alguém para si. Na tradição yóguica, dá-se grande ênfase a cultivar a atitude certa perante a vida porque, dependendo de sua atitude ou qualidade, você atrai para si esse tipo de pensamento, emoção e experiência.

Por que tanto se fala em Deus? Ou, na tradição yóguica, por que não há menção a Deus, mas só ao guru supremo, Adiyogi, o primeiro yogi? É só porque isso ajuda você a se tornar o tipo certo de receptáculo. Embora não seja capaz de se tornar espiritualizado através do esforço, ao aumentar sua receptividade, aos poucos você atrairá para si os pensamentos certos, as emoções certas, os sentimentos certos, as bênçãos certas. Definitivamente, isso acontecerá. Assim, o karma não pertence a uma só pessoa. Ele existe e pode ser atraído dependendo de sua receptividade.

Assim, todo o karma que você carrega não é realmente "seu" num sentido estritamente individual. Por causa do karma que realizou, você atraiu para si esse tipo de karma nesta vida. Essa é a importância da tradição de mandar a criança ao guru em tenra idade. A morada do guru se chamava *gurukula* – literalmente, a família do guru. O karma do guru era considerado tão bom que passar algum tempo com ele era um modo de fazer o "download" de parte do karma dele. A criança podia pertencer a qualquer família, mas ir a um gurukula significava passar a fazer parte do clã do guru. O que era dele se tornava seu. Aprendizados que poderiam exigir vidas inteiras se tornavam seus também. Sua vida foi posta em modo de avanço rápido, o que acelerava sua evolução interior.

A razão de haver tanta ênfase na tradição em criar karma bom é só esta. Se você gerar muito karma bom no mundo, a nova geração nascerá com um karma melhor. Aí a situação do mundo melhorará automaticamente. Esses novos seres que pegam esse karma e vêm ao mundo, por sua vez, atrairão mais karma positivo e gerarão mais também.

Por isso, não pense em termos de quantidade. Assim que sua consciência se elevar além dessa noção de separação, onde fica a quantidade? Não há nenhuma. Só há o um. E nem é totalmente correto dizer que há o um. Quando não existem dez, o um também não existe. Como a linguagem em si é enraizada na dualidade, não podemos escapar do processo de quantificar. Mas a verdade é que não há "um" nem "dois". Isso não pode ser entendido. Só pode ser experienciado.

Portanto, só há um karma em comum, porque só há uma existência em comum. Mas, com base em sua qualidade, você atrai para si um tipo específico de karma. O momento da morte é importantíssimo para determinar o tipo de qualidade que você tem e o tipo de karma que atrai. Portanto, se morrer com raiva, com ódio, com infelicidade ou dor, você atrairá um tipo de karma. Se morrer em paz ou bem-aventurança, você atrairá outro tipo de karma.

Nos últimos 40 segundos da vida da pessoa, muitas vidas de Karma Acumulado passam num modo de avanço rápido. Nesses 40 segundos importantíssimos, se conseguir ficar consciente, a pessoa pode se livrar de vidas inteiras de karma. Não importa o tipo de vida que teve. Se estiver num espaço consagrado ou se fez alguma prática espiritual e consegue estar consciente, essa fase intensa vai purificar sua vida, e a pessoa pode dissolver totalmente seu karma.

É por isso que toda tradição religiosa enfatiza morrer em paz. É assim simplesmente porque isso traz uma oportunidade melhor na próxima vez. Morrer em alegria ou amor é um modo maravilhoso de morrer. Morrer no que a tradição yóguica chama de estado de samadhi é a forma suprema de morte. Significa que, ainda vivo, você caminha conscientemente para a morte.

SUTRA Nº 15

Você tem a escolha e a habilidade de ser como quiser a qualquer dado momento. Essa é a liberdade e a maldição. A maioria dos seres humanos está sofrendo por sua liberdade.

PERGUNTA: *E os animais? Eles têm karma também?*

SADHGURU: Sim, os animais têm karma, mas é muito limitado e diferente do karma humano. O animal leva uma vida instintiva. Essa é a única diferença entre um ser humano e um animal. Só quando você exerce sua inteligência há uma distinção estabelecida entre você e o animal. Assim, quando vive guiado pelo instinto, você acumula karma, mas de maneira muito limitada. Quando emprega a inteligência, de repente o karma adquire uma importância diferente.

Uma formiga cria karma, mas todas as formigas criam o mesmo tipo de karma. Não há diferença entre o karma de cada uma delas, porque não há diferença no desejo delas. Seu desejo é comer, procriar e se proteger. Elas querem comer a barata morta na sua casa e querem garantir que você não pise nelas! Assim, desejo e medo criam imediatamente uma estrutura kármica. Mas ela é simples. A estrutura só fica muito complicada e intrincada quando a vida se torna humana, porque agora você cria karma com volição. O karma simples pode ser rompido e descartado. Quando há volição consciente, o karma fica muito complicado.

Para o animal, tudo o que lhe aconteceu no passado fica registrado. Se ele tem uma morte violenta, isso fica registrado. Por causa disso, pode haver certo medo no animal. Mas o karma não se manifesta de forma tão dominante quanto no ser humano. Quando há liberdade para decidir como ser, o karma se torna mais complicado. Os tigres não têm outra escolha senão serem tigres. Eles são guiados pelo instinto. Não têm escolhas como as conhecemos, não podem virar vegetarianos, casar-se nem tornar-se yogis! Sua vida é fixa, portanto não há muita ação kármica. Certas diferenças de personalidade ainda existem: há tigres zangados, tigres dóceis, tigres preguiçosos. Mas não há grandes diferenças. A vida humana, por outro lado, não é fixa. Você tem a escolha e a habilidade de ser como quiser a qualquer momento. Essa é a liberdade e a maldição. A maioria dos seres humanos está sofrendo por sua liberdade.

SUTRA Nº 16

Todo ser humano está no processo de se tornar divino.
Você só precisa colaborar com o plano da Natureza.

PERGUNTA: *Então como um animal evolui na escada kármica?*

SADHGURU: A vida evolui por sua própria natureza. A Natureza cuida disso. Dos animais inferiores aos superiores, dos organismos unicelulares aos que têm sistema nervoso central, a jornada evolutiva simplesmente acontece. Não é uma escolha. Como tudo é inconsciente e instintivo para os animais, não há bem nem mal, certo nem errado para eles. A Natureza só dá a eles uma carona! Eles se movem sem esforço de um grau de vida a outro. É só o fluxo da própria vida. E, a certa altura, o animal alcança a forma humana. Agora, como ser humano, você tem liberdade de decidir seu destino; a Natureza não decide mais por você.

O problema humano agora é a liberdade! Esse é o paradoxo. Agora você é livre para se tornar infeliz; é livre para se tornar alegre. Você é livre para viver como um deus; é livre para viver como um demônio. A Natureza lhe deu liberdade porque agora você evoluiu o suficiente para fazer uma escolha madura. Em resumo, a Natureza confiou na sua inteligência. Mas, infelizmente, os seres humanos às vezes demoram para utilizar essa inteligência.

Todo ser humano está no processo de se tornar divino. Todo ser humano está no processo de despertar para a própria divindade. Se vai acontecer hoje, amanhã, daqui a dez ou dez mil anos, ninguém sabe. Mas assim que vê que a vida está avançando rumo à sua suprema natureza por conta própria, você também põe sua energia nela e vai mais depressa. Isto é, você se torna conscientemente espiritual. Você só precisa colaborar com o plano da Natureza.

A existência não tem pressa. Mas, se você tiver, pode dar as mãos à existência e alcançar sua meta muito mais depressa. Mas, se gosta de brincar por aí, siga em frente. A existência é eterna, e você tem toda a eternidade diante de si! Não há pressa. A escolha é sua.

Todo processo espiritual visa transformar a natureza animal dentro de você. Enquanto avança rumo à possibilidade divina, você precisa cuidar de sua natureza animal com o tipo certo de consciência e trabalho interior. Meramente fingir moralidade não adianta. Muitos seres humanos que se projetam como cheios de princípios e corretos se veem consumidos por seus impulsos animais, seja luxúria, seja ganância, no fim da vida. Eles perdem completamente o controle sobre si nos últimos anos. Assim, dissolver a natureza animal é a meta do processo espiritual diário.

PERGUNTA: *O ser humano pode voltar ao estágio animal em outra vida?*

SADHGURU: Não. No entanto, alguns yogis podem assumir a forma animal só para dissolver karma mais antigo. Outros administram o estágio animal nesta mesma vida. Talvez alguém seja um yogi nesta vida, mas, apesar de todas as suas realizações espirituais, a comida continua uma compulsão. Assim, é possível que ele escolha não retornar como um ser humano (que tem seus próprios emaranhamentos complexos). Ele pode escolher retornar como um animal, só para resolver o karma simples da comida. Agora ele não se emaranha com todos os outros processos do crescimento humano. E, como animal, que é uma forma mais simples, coleta um karma mínimo. Isso facilita romper o karma da comida e não acumular nenhum outro emaranhamento indesejado. Assim que esse karma for resolvido, a mesma vida retorna como um ser humano muito mais realizado. Mas o karma tem que ser realmente rudimentar para o ser assumir uma forma animal.

Há histórias sobre o místico indiano do século XX Ramana Maharshi, e como concedeu mukti, ou a libertação, a uma vaca. Agora, isso só é possível se o animal já for um ser espiritualmente sofisticado que simplesmente reside no corpo de um animal. Um animal desses pode se sentir inconscientemente atraído pela presença de um yogi como Ramana. Ou então é possível para um yogi assumir o karma de outro ser em seu próprio corpo e, num único momento, dissolver essa vida e a libertar. Isso significa que a vaca deixa o corpo; o yogi então aceita essa vida em seu corpo só por um momento e a liberta. No entanto, essas ocorrências são raras. Não são impossíveis, mas são raras.

Houve casos de adeptos espirituais assumindo outros corpos na tradição yóguica. Digamos que haja uma pessoa próxima de seu destino espiritual, mas que vê a vida chegando ao fim. Agora, um yogi realizado é capaz de se mover para esse corpo e liberar totalmente o karma dessa pessoa. Isso significa que você a dissolve, a liberta. Agora o yogi pode habitar esse corpo por algum tempo, dar fim a seu próprio karma e depois se dissolver.

É preciso lembrar que, para o ser iluminado, o karma não é mais uma fonte de aprisionamento. Neste momento, não tenho nenhuma amarra kármica. Se quisesse deixar o corpo hoje, poderia. Mas, para terminar algumas coisas que comecei, crio um karma consciente para mim. Sem algum karma, o corpo não pode existir. Assim, é preciso criar o karma consciente para manter a conexão com o corpo. Senão, a pessoa se torna incapaz de reter esse corpo.

EPÍLOGO

O karma e as joias da cortesã

SUTRA Nº 17

Os que anseiam deixar uma pegada nunca voarão.

Falei muitas vezes das cortesãs tradicionais da Índia que usavam um tipo elaboradíssimo de joia. Seu corpo inteiro era coberto de ouro e diamantes. A joia era tão complexa que os homens que as procuravam cheios de luxúria não faziam ideia de como removê-la. Era uma teia tão densa de correntes que, por mais que tentassem, nunca conseguiam tirar.

O ritual era complexo. A cortesã incentivava o homem a tomar um drinque, depois outro, e outro. Ele ficava bebendo e tentando tirar a joia. Mas com isso ia ficando cada vez mais inepto até que, finalmente, adormecia. Era exatamente isso que ela queria!

O que o homem não adivinhava é que havia um único pino que mantinha toda a teia de correntes unida. Ficava num lugar que só ela sabia. Se aquele único pino fosse puxado, a joia inteira cairia. Só ela sabia disso.

O karma é exatamente assim.

É uma teia complexa de correntes, algumas belas e cravejadas de diamantes extraordinários, outras feias como algemas de metal enferrujado. Não faz sentido tentar separar o karma bom do ruim. É por isso que os buscadores espirituais não estão interessados em adquirir bom karma. Eles só querem se livrar de toda a bagunça como um todo. Isso significa queimar seu karma com ação intensa e distanciar-se dele com a meditação.

Mas também há um terceiro caminho.

E ele envolve saber o local do tal pino oculto. Como as cortesãs, se os buscadores soubessem onde está o pino, poderiam encontrar a saída do labirinto num só momento. Mas a maior parte deles passa a vida toda se emaranhando cada vez mais nas correntes kármicas.

E onde fica esse único pino?

Na eliminação de uma só pergunta da sua vida: *E eu?*

Se for capaz de eliminar completamente essa pergunta, você terá aniquilado a noção enorme de autoimportância com que a maioria dos seres humanos convive. Agora você consegue desmantelar as elaboradas correntes kármicas num único golpe rápido. E emerge dos escombros do karma como um ser liberto.

É porque a maioria não consegue erradicar essa pergunta que um guru era considerado necessário. O papel do guru sempre foi este: entrar em cena para puxar o pino para você quando chegasse a hora certa.

"Então, Sadhguru, quando você vai puxar meu pino?" Já consigo vislumbrar essa pergunta me chegando de todos os lados! Portanto, vou fazer uma ressalva agora mesmo. Essa pergunta significa que você ainda não está pronto para que puxem o seu pino. Se você está num estado em que pensa que seu karma é um fardo que precisa ser eliminado, você ainda não está pronto para a libertação. Só quando aprender a transformar toda a memória – consciente/inconsciente, agradável/desagradável, bela/horrenda – em alegria e bem-estar você estará pronto.

Se pedir que puxem o seu pino sem estar pronto, isso não será libertação, será escapismo. Há uma diferença entre sair do corpo e cometer suicídio. O suicídio significa que você quer escapar de uma situação difícil. Sair de algo significa que seu tempo acabou e você está indo embora com alegria. Se escapar da prisão, você viverá fugindo pelo resto da vida. Mas, se for libertado da prisão porque sua pena terminou, você será um homem livre. Essa é a diferença. Uma diferença grande.

Em tempos antigos, as pessoas zarpavam para terras distantes que imaginavam ficar na outra ponta da Terra. Só mais tarde perceberam que a Terra é redonda e que só dariam voltas em círculos.

Viajar pelo globo pode ser maravilhosamente empolgante. Mas, em certo ponto, nos cansamos de dar voltas. A paisagem muda, o clima se altera, mas há algo lá no fundo do ser humano que não gosta de andar em círculos. Esse desagrado inato está fadado a vir à tona em algum momento.

A meta deste livro é lembrar-lhe de que *há um modo de sair dos círculos de repetitividade*. Há muitas maneiras de percorrer o caminho do karma yoga, de tornar-se um praticante espiritual capaz de sair dos círculos e entrar no agora eterno e imperecível. Alguns círculos podem ser apagados instantaneamente. Alguns exigem um pouco mais de trabalho. Outros, alguma ajuda externa suplementar. Mas é importante fazer todo o possível. O guru, em forma física ou não, por fim entra em cena para fazer o que resta a ser feito.

A razão para os seres humanos continuarem gerando karma é quererem deixar uma pegada. Eles buscam alguma forma de perpetuar sua identidade individual. Seja em termos de realizações pessoais, de relacionamentos, criando filhos ou envolvendo-se em causas sociais, querem desesperadamente deixar uma marca na existência, alcançar a imortalidade, viver pela posteridade.

Mas os que anseiam deixar uma pegada nunca voarão.

O anseio de voar é profundamente humano. A sede de liberdade não é algo que os sábios inventaram. É algo muito mais primordial: o anseio da vida por si mesma.

Mas, para voar, você precisa estar disposto a abandonar todos os investimentos. Precisa chegar ao ponto em que não esteja mais interessado em se salvar. Em que não queira mais dar passos graduais rumo à libertação. Você percebe que, se der passos graduais para o infinito, se tornará parcelas intermináveis e nunca chegará lá. Quando vir sua identidade limitada como ela realmente é – um fardo oco de pensamentos, gostos, aversões e preconceitos –, estará pronto para abandoná-la.

Com o abandono, todos os grilhões caem. O pino final se destrava. Depois que abrir as asas, teias, correntes e labirintos não terão mais domínio sobre você. A aspereza do terreno, os acidentes de percurso, não terão relevância. De repente, você não está mais abrindo caminho pelo ruído e pela confusão do tráfego maluco da estrada. Você é um ser dos céus. Agora, você mergulha num lugar que sempre habitou, mas estava distraído demais para notar. Cai de cabeça *neste* momento – este momento com toda a sua radiância e poder, majestade e profundidade.

Não pense no karma em termos de vidas. Pense nele simplesmente em termos deste Momento Vivo.

◆

... Um dia é apenas um pedaço de tempo
Que nos permite viver e morrer.
... Neste dia, vamos viver e
Viver totalmente.

– SADHGURU

GLOSSÁRIO

Adiyogi	O primeiro yogi, um dos muitos epítetos de Shiva.
Agami karma	Karma Acionável no Futuro. Consequências inevitáveis de ações do presente que conduzem à ação externa amanhã.
Akasha	Refere-se ao céu ou éter. Um dos cinco elementos da Natureza.
Akashi Mudra	Prática simples para acessar o elemento akasha dentro de você e aprimorar sua percepção.
Ananda	Bem-aventurança.
Anandamayakosha	O corpo mais interno ou corpo de bem-aventurança.
Annamayakosha	Revestimento formado de alimentos ou corpo denso. Um dos cinco revestimentos do corpo humano na fisiologia yóguica.
Asana	Lit. postura física. Em geral, refere-se às posturas de yoga ou posturas que conduzem as energias da pessoa rumo à libertação. Um dos oito membros do yoga.
Ashtanga yoga	Os oito membros ou disciplinas do yoga: yama, niyama, asana, pranayama, pratyahara, dharana, dhyana e samadhi, como descrito pelo sábio Patañjali.

Atma	Palavra sânscrita que significa alma.
Aum	O som primordial criado pela entoação dos sons A-U-M.
Avadhutas	Místicos semelhantes a crianças que abandonaram suas identificações limitadas tão completamente que são incapazes de funcionar no mundo exterior.
Ayurveda	Antigo sistema indiano de medicina.
Bhagavad Gita	Um dos ensinamentos mais sagrados do hinduísmo. Esse episódio central do épico *Mahabharata* é um diálogo entre Krishna e Arjuna, seu principal discípulo, nos campos de batalha de Kurukshetra. Krishna transmite ao príncipe-guerreiro Arjuna seu conhecimento sobre yoga, ascetismo, dharma e o múltiplo caminho espiritual.
Bhakti	Devoção.
Bhuta shuddhi	Prática yóguica fundamental de purificação dos cinco elementos que formam o sistema humano.
Bhuta shuddhi vivaha	Antiga forma de consagração para o matrimônio, originada do sistema yóguico, em que o casal pode experienciar uma união no nível elementar.
Brahmachari	*Brahman* significa divino, *charya* significa caminho. Aquele que está no caminho do divino. Em geral, refere-se a quem foi formalmente iniciado como monge por meio de certo processo energético; um asceta.
Buda	Aquele que está acima de seu buddhi (intelecto). Em geral, usado para se referir a Gautama, o Buda.
Centro de Yoga Isha	Espaço sagrado de autotransformação criado por Sadhguru no sopé das montanhas Velliangiri, no sul da Índia.

Chakra	Lit. roda. Também se refere às interseções de canais energéticos do corpo prânico (energético). Embora sete chakras principais sejam associados ao corpo humano, há nele um total de 114 chakras.
Chitta	Dimensão de inteligência intocada pela memória.
Chitta vritti nirodha	Cessação das modificações da mente, que estabelece a pessoa num estado de yoga. Refere-se a um dos sutras do grande sábio Patañjali, pai do yoga moderno, em seus *Yoga Sutras*.
Coimbatore	Cidade grande mais próxima do Centro de Yoga Isha, em Tamil Nadu, estado no sul da Índia.
Corpo prânico	Corpo energético. *Ver* também Praṇamayakosha.
Dharana	Processo de manter o foco mental. Sexto dos oito membros do yoga.
Dhi	Refere-se ao intelecto.
Dhyana	Estado meditativo. Sétimo dos oito membros do yoga.
Dhyanalinga	Forma poderosa de energia existente no Centro de Yoga Isha, na Índia, consagrada por Sadhguru exclusivamente com o propósito de meditação. A forma exterior elipsoide de granito do Dhyanalinga é apenas uma estrutura de apoio da forma energética; mesmo que ela seja removida, a dimensão energética permanece. Nas palavras de Sadhguru, a forma física serve de "conexão visual", porque é difícil para os buscadores se relacionarem com um espaço vazio.
Dukkha	Sofrimento.
Ganges	Rio reverenciado no norte da Índia.

Gautama, o Buda	Fundador do budismo.
Gita	Lit. canção. Refere-se à Bhagavad Gita.
Guru	Lit. dissipador da escuridão. Um mestre espiritual, um ser realizado que guia os buscadores espirituais rumo à libertação.
Guru Nanak	Fundador do siquismo.
Gurukula	Antigo sistema indiano de educação em que a criança mora e cresce perto de seu guru.
Hatha yoga	Forma física do yoga que envolve diversas posturas (asanas) e práticas corporais. Usado como passo tanto purificador quanto preparatório para a meditação e as dimensões mais elevadas da experiência espiritual.
Hindu	Identidade cultural e geográfica do povo que habitou a região entre o Himalaia e o Indu Sagar (Oceano Índico).
Ida	Um dos três principais canais prânicos (energéticos) do corpo humano. Localizado no lado esquerdo do corpo, tem natureza feminina (intuitiva).
Isha	Energia divina sem forma. Também o nome escolhido por Sadhguru para a fundação criada para oferecer ao mundo uma possibilidade espiritual.
Jainista	Quem pratica o jainismo.
Janam janam	"Vida depois da vida" em híndi.

Karma	Refere-se à volição com que se realiza uma ação. O karma é o mecanismo pelo qual a existência relativa se mantém. Refere-se a ações passadas: a causa de todo aprisionamento. É o que liga a pessoa ao corpo e cria tendências que dominam sua vida. Lei de causa e efeito.
Karma Acionável no Futuro	*Ver* agami karma.
Karma Acionável no Presente	*Ver* Kriyamana karma.
Karma Acumulado	*Ver* Sanchita karma.
Karma Alocado	*Ver* Prarabdha karma.
Karma Samyama	Programa espiritual avançado no Centro de Yoga Isha no qual as camadas de karma são trazidas à superfície para se dissolver.
Karma yoga	Ação realizada com alegria e sem esforço, que liberta em vez de aprisionar.
Karma yogi	Aquele que segue o caminho do karma yoga.
Karma-nashana	Destruição de karma.
Karmas	Rituais ou práticas especiais realizadas para os mortos pela família.
Karma-vriddhi	Geração ou acúmulo de karma.
Kosha	Lit. revestimento; recipiente, camada.

Krishna	Encarnação divina há mais de 3,5 mil anos, Krishna é uma das deidades mais populares do panteão hinduísta. Príncipe Yadava e personagem principal do épico *Mahabharata*. Seu discurso a Arjuna, seu principal discípulo, sob a forma da Bhagavad Gita, é considerado a mais sagrada escritura hinduísta.
Kriya	Lit. ato, rito. Refere-se a certa classe de práticas yóguicas. Ação energética interna.
Kriya yoga	O caminho de usar as próprias energias para alcançar a natureza suprema.
Kriyamana karma	Karma Acionável no Presente. Karma que conduz à ação externa.
Kshetra sanyas	Expressão sânscrita que se refere ao voto de nunca sair de certo espaço geográfico consagrado.
Kula vedana	Sofrimento de uma família, clã ou comunidade devido à memória coletiva.
Kundalini	Lit. poder da serpente. Energia cósmica representada como uma serpente enrolada na base da coluna (Muladhara chakra) e que, finalmente, pela prática de yoga, sobe pelo sushumna nadi. Quando ela sobe, a kundalini desperta cada chakra sucessivo até alcançar o Sahasrar. Ao se manifestar, a kundalini se torna Kula, a luz transcendente da consciência.
Linga	Lit. a primeira forma, a forma primordial. Forma de energia consagrada para adoração, em geral associada a Shiva.
Linga Bhairavi	Forma física energizada, consagrada por Sadhguru, considerada uma manifestação feroz e enérgica do Divino Feminino.

Mahabharata	Poema épico histórico indiano, um dos dois grandes épicos da antiga Índia; o mais longo poema épico conhecido.
Mahasamadhi	Completa dissolução do eu, também chamado de nirvana e mahaparinibbana em outras tradições espirituais. O abandono do corpo físico com total consciência.
Mahavira	Considerado fundador da religião jainista no século V a.C. Contemporâneo de Gautama, o Buda.
Manomayakosha	Corpo mental. Um dos cinco revestimentos do corpo humano na fisiologia yóguica.
Markandeya	Antigo sábio hinduísta que buscou a graça divina para triunfar sobre a morte e assim recebeu a bênção de permanecer com 16 anos para sempre. Sua história é um testemunho do poder transformador da responsabilidade humana: ele aprendeu a se tornar disponível à graça e assim transformou seu destino.
Memória articulável	Impacto de todas as informações conscientes que cada ser humano leva dentro de si.
Memória atômica	Os padrões flutuantes do funcionamento dos átomos.
Memória elementar	A memória carregada pelos cinco elementos – terra, água, fogo, ar e éter –, que são os elementos-base da criação.
Memória evolutiva	O software que está impresso no DNA de cada um e que determina sua espécie; isto é, o que nos torna seres humanos.
Memória genética	Características físicas e psicológicas em comum transmitidas dentro da família.

Memória não articulável	Enorme reservatório de informações genéricas e específicas acumuladas durante eras e do qual não temos consciência.
Memória kármica	A imensa quantidade de impressões que nos molda como indivíduos distintos – inclusive nossos gostos e aversões, nossa personalidade.
Memória sensorial	Impacto que nosso ambiente físico e cultural tem sobre nosso sistema; o modo como nosso corpo e nossa mente respondem ao mundo.
Mukti	Libertação, emancipação, absolvição final do eu da cadeia de morte e renascimento. A meta mais elevada de todos os buscadores espirituais.
Mysore	Cidade no sul da Índia onde Sadhguru nasceu e foi criado.
Namaskar	Saudação hinduísta tradicional que reconhece a divindade dentro da pessoa.
Niyama	Segundo membro do yoga, usado junto com yama para codificar o que fazer e o que não fazer no yoga.
Niyoga	Antiga prática em que o rei permitia que a rainha tivesse filho com um sábio para assegurar um governante melhor para o povo.
Paramatma	O divino.
Pindaris	Tribo de bandidos que realizava ataques na região central da Índia entre os séculos XVII e XIX; finalmente derrotada por um exército comandado pelos britânicos.
Pingala	Um dos três principais canais prânicos (energéticos) do corpo humano. Localizado no lado direito do corpo. Sua natureza é masculina.

Pranamayakosha	Revestimento energético ou corpo prânico. Um dos cinco revestimentos da fisiologia yóguica.
Pranayama	Poderosa prática yóguica que usa certas técnicas respiratórias para gerar e direcionar o fluxo de prana (energia) no corpo humano. O quarto dos oito membros do yoga.
Prarabdha karma	Karma Alocado. O karma alocado para a vida atual da pessoa.
Pratyahara	Voltar-se para dentro. O quinto membro do yoga.
Programas do Isha	Referem-se aos vários programas espirituais oferecidos pela Fundação Isha em que o yoga é experienciado como uma ciência viva.
Ramakrishna Paramahamsa	Mestre espiritual de meados do século XIX que viveu principalmente em Calcutá. Devoto da deusa Kali, entrava frequentemente em estados de êxtase de samadhi. Um de seus discípulos mais conhecidos é Swami Vivekananda, que criou e propagou a Ordem Ramakrishna, que hoje conta com seguidores no mundo inteiro.
Ramana Maharshi	Mestre espiritual do início do século XX que viveu nas montanhas de Tiruvannamalai, perto de Chennai, no sul da Índia. Seus ensinamentos giram em torno da autoindagação. Acredita-se que ele tenha iluminado não só seres humanos, mas também uma vaca e um corvo.
Runanubandha	Memória física do corpo. O aprisionamento causado pelos relacionamentos físicos.
Sadhana	Lit. ferramenta ou dispositivo. Práticas espirituais usadas como meios para a autorrealização.

Sadhguru	Professor espiritual que é iluminado, ou alcançou a autorrealização, cujo conhecimento ou iluminação vem de dentro, e não de algum ensinamento recebido de fora.
Sadhguru Sri Brahma	Vida passada de Sadhguru.
Sama	Equânime.
Samadhi	Estado profundo de equanimidade, o último dos oito membros do yoga. Muito louvada na tradição, a experiência de samadhi é imensamente terapêutica e de natureza profundamente transformadora.
Samsara	O mundo, a existência, o domínio do karma. Ilusão prolongada da mente. O ciclo de nascimento, morte e renascimento.
Samskara	Ritual, no sentido genérico. Denota ritos como cerimônia de nascimento, tonsura, matrimônio, cremação, etc. No yoga, significa as impressões indeléveis deixadas no subconsciente pelas experiências cotidianas.
Samyama	Confluência dos estados de dharana, dhyana e samadhi. Aqui, refere-se ao programa de oito dias de meditação conduzido por Sadhguru, em que a pessoa é transportada a estados explosivos de meditatividade. Esse programa é uma possibilidade de descartar vidas de karma e experienciar o samadhi.
Sanchita karma	Karma Acumulado. Karma que se acumulou ao longo de muitas vidas.
Sankara	Reação; o quarto aspecto da mente, conforme definição de Gautama, o Buda.
Sanya	Reconhecimento; o segundo aspecto da mente, conforme definição de Gautama, o Buda.

Shakti	Lit. poder, energia. O aspecto ativo do vazio. A criação é vislumbrada como uma interação entre Shiva e Shakti, que simbolizam a dualidade da existência, ou yin e yang.
Shambhavi Mahamudra	Prática yóguica de 21 minutos ensinada por Sadhguru que equilibra e ativa o sistema energético, oferecendo benefícios fisiológicos e psicológicos.
Shankaran Pillai	Herói de muitas piadas e anedotas de Sadhguru. Em geral, é um homem frágil cujas idiotices são típicas do homem comum.
Shiva	Lit. aquilo que não é. O Grande Senhor. O destruidor na trindade.
Siddha	Antigo sistema indiano de medicina.
Siddhi	Poder, realização paranormal ou supranormal.
Sohni e Mahiwal	Amantes numa trágica história de amor indiana.
Swayambhu	Autocriado.
Tirtha	Água consagrada; aqui, refere-se a espaços consagrados.
Vasanas	Lit. cheiro. Tendências ou desejo; traço subliminar deixado na mente pela ação e pelo desejo.
Vedana	Sensação; o terceiro aspecto da mente, conforme definição de Gautama, o Buda.
Velayudhampalayam	Povoado no estado de Tamil Nadu, na Índia.
Vignanamayakosha	O corpo etéreo. Um dos cinco revestimentos do corpo humano na fisiologia yóguica.

Vinyana	Cognição; o primeiro aspecto da mente, conforme definição de Gautama, o Buda.
Yagna	Sacrifício; um dos principais pilares do sistema ritual védico.
Yagna bhumi	Terra do sacrifício, onde são realizados os yagnas.
Yama	Primeiro membro do yoga, usado junto com niyama para codificar o que fazer e o que não fazer no yoga.
Yoga	Lit. união.
Yogi	Aquele que está em estado de yoga.
Zen	Tradição espiritual budista. A palavra japonesa *zen* vem da palavra chinesa *chan*, que, por sua vez, é uma transliteração da palavra sânscrita *dhyana*, que significa meditação.

SOBRE O AUTOR

Considerado uma das cinquenta pessoas mais influentes da Índia, Sadhguru é yogi, místico e visionário. Recebeu três prêmios presidenciais na Índia, inclusive um por seu trabalho ambiental, além do prêmio civil anual mais importante do país pelo serviço ilustre e excepcional prestado.

Sadhguru é palestrante e formador de opinião de renome internacional. Falou em vários fóruns pelo mundo, como nas Nações Unidas, no Fórum Econômico Mundial, no Banco Mundial, na Câmara dos Lordes do Reino Unido, no TED e na sede do Google e da Microsoft. Também foi convidado a discursar em importantes instituições educacionais: Oxford, Stanford, Harvard, Yale, Wharton, MIT e outros.

Ao longo dos anos, Sadhguru promoveu grandes iniciativas ecológicas. Os movimentos Rally for Rivers e Cauvery Calling abordam a necessidade urgente de revitalizar os rios indianos e as questões ligadas ao solo, à água e à mudança climática. Reconhecidas globalmente pelo amplo alcance e impacto, essas iniciativas se tornaram um divisor de águas ao estabelecer um plano global de desenvolvimento econômico que seja ecologicamente sustentável. Sadhguru foi convidado por agências globais, como PNUMA (Programa das Nações Unidas para o Meio Ambiente), UNCCD (Convenção das Nações Unidas para o Combate à Desertificação), IUCN (União Internacional para a Conservação da Natureza) e outras, para discutir soluções globais para os problemas ecológicos do mundo.

O engajamento celebratório de Sadhguru com a vida inclui o envolvimento ativo em campos tão diversificados quanto arquitetura, programação visual, poesia, pintura, esportes, música, aviação e motociclismo.

Três décadas atrás, Sadhguru fundou a Fundação Isha, organização de serviço humano sem fins lucrativos, cujo compromisso central é o bem-estar humano. A fundação iniciou programas poderosos de yoga para a transformação humana e projetos inovadores para promover as comunidades rurais. Isha é apoiada por mais de 11 milhões de voluntários em mais de 300 centros no mundo inteiro.